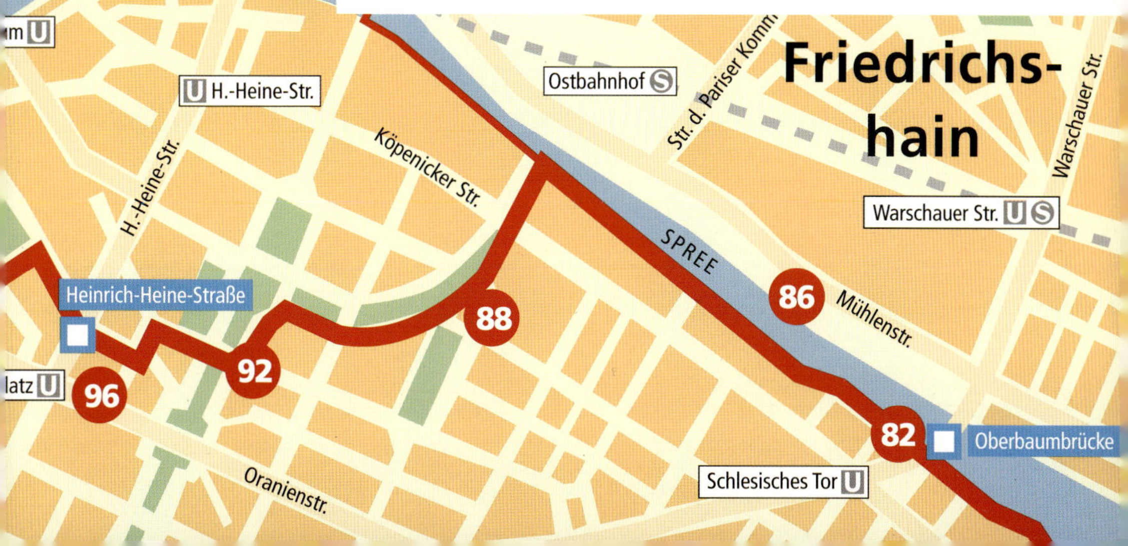

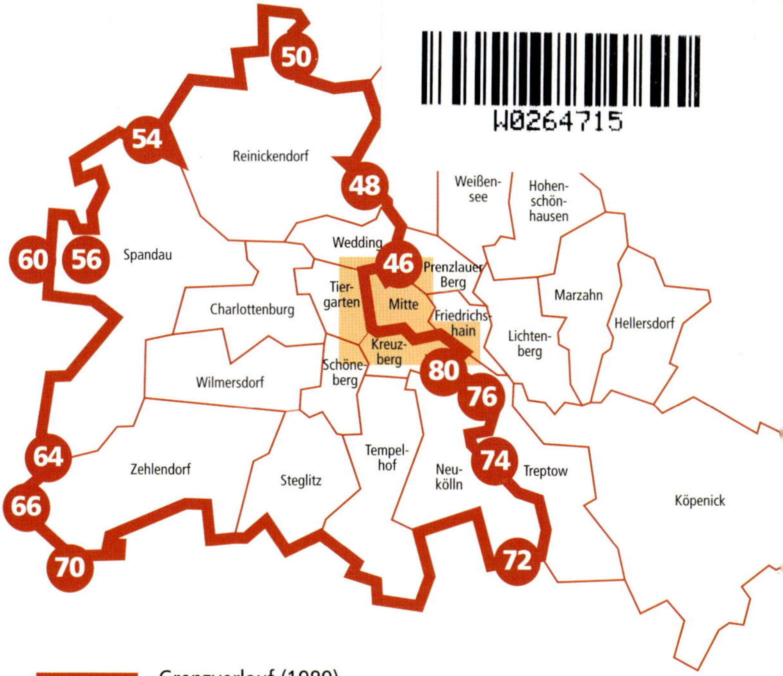

Grenzverlauf (1989)
Where the border was (1989)
Lassage de la frontière (1989)
Прохождение границы (1989)

Grenzübergänge
Crossing points
Postes frontière
Контрольно-пропускные пункты

12 Die Zahlen in Kreisen beziehen sich auf die Seiten im Buch.
The numbers in circles refer to the pages in the book.
Les chiffres dans les cercles correspondent aux pages du livre.
Номера в кружках соответствуют номерам страниц книги.

Bezirksgrenzen
Borders between districts
Limites des quartiers
Границы районов

Christian Bahr
Günter Schneider (Fotos)

Wo stand die Berliner Mauer?

Where was the Berlin Wall?
Où se trouvait le Mur de Berlin?
Где проходила Берлинская стена?

Jaron Verlag

Originalausgabe
1. Auflage 2014

www.jaron-verlag.de
Karten: Matthias Frach, Berlin (S. 1); Presse- und Informationsamt des Landes Berlin (S. 128)
Übersetzungen: Marie Frohling, Fairfax/USA (Englisch); Françoise Hynek, Berlin (Französisch); Beate Jasper-Volovnikov, Bochum (Russisch)
Umschlaggestaltung: Bauer + Möhring, Berlin, unter Verwendung von Fotos von Günter Schneider (vorn: Brandenburger Tor 2013 und 1986; hinten: St.-Michael-Kirche 2013) und dem Landesarchiv Berlin/Horst Siegmann (St.-Michael-Kirche 1983)
Satz: Prill partners | producing, Barcelona
Lithographie: Bild1Druck GmbH, Berlin
Druck und Bindung: Westermann Druck Zwickau GmbH, Zwickau

ISBN 978-3-89773-739-6

Inhalt
Contents / Sommaire / Содержание

Tolerance 1990-2009
www.marymackeyart.co
USA

OLITIK IST DIE FORTSETZUNG DES KRIEGES
MIT ANDEREN MITTELN.

Berlin, die geteilte Stadt

Fast drei Jahrzehnte lang, von 1961 bis 1989, zerschnitt eine Mauer Berlin in zwei Hälften. Das brutale Bauwerk zementierte die Teilung Deutschlands nach dem Zweiten Weltkrieg und war Symbol des Kalten Krieges, der nach dem Zusammenbruch der nationalsozialistischen Diktatur 1945 Europa in zwei sich feindlich gegenüberstehende Machtblöcke spaltete. Bis heute verbindet man Berlin mit der monströsen Grenzanlage, die ab dem 13. August 1961 – ein in der Weltgeschichte einmaliger Vorgang – inmitten der Stadt errichtet worden war.

Die Berliner Mauer war Folge der Neuordnung Europas durch die Siegermächte des Zweiten Weltkrieges. Die militärische Allianz gegen Hitler-Deutschland, die aus Frankreich, Großbritannien, der UdSSR und den USA bestand, unterteilte das deutsche Territorium zwischen Rhein und Oder in vier Besatzungszonen. Berlin als die ehemalige Hauptstadt des Deutschen Reiches wurde ebenfalls in vier Sektoren aufgeteilt, wobei der „Vier-Mächte-Status" allen Siegermächten die gleichen Rechte zusicherte. Bald nach 1945 aber zerbrach das Bündnis gegen Hitler, die Vereinigten Staaten und die Sowjetunion stritten um die Vorherrschaft in der Welt. Unter ihrer Ägide entstanden 1949 zwei deutsche Staaten: Die demokratische Bundesrepublik Deutschland (BRD) und die kommunistische Deutsche Demokratische Republik (DDR).

Berlin lag mitten in der DDR. Der sowjetische Sektor der Stadt wurde von der kommunistischen Führung zur „Hauptstadt der DDR" ausgebaut. West-Berlin, das unter dem Schutz der West-Alliierten stand, war den ostdeutschen Machthabern wie ein Stachel im Fleisch, war dieser „Vorposten der freien Welt" doch Ziel Hunderttausender Menschen, die aus politischen oder wirtschaftlichen Gründen aus der DDR flohen. Um den Exodus zu unterbinden, riegelte die sozialistische Staatsführung am 13. August 1961 West-Berlin hermetisch ab.

Eine 155 Kilometer lange Schneise des Schreckens umgab fortan die Inselstadt. Der „antifaschistische Schutzwall" wurde über die Jahre in seiner perfiden Effizienz perfektioniert. Die West-Berlin umschließende Mauer bestand zuletzt aus 45 000 Betonelementen, die 3,60 Meter hoch und 15 Zentimeter stark waren. Ein langes Betonrohr auf der Mauerkrone erschwerte das Überklettern. Zwölf Grenzübergänge blieben passierbar.

Die monotone Wand prägte das Leben in der Mauerstadt. Gewaltsam waren Familien zerrissen, Freunde voneinander getrennt worden. Die Bevölkerung in der DDR und Ost-Berlin lebte wie in einem Gefängnis. Tausende wagten deshalb die Flucht über den militärisch gesicherten „Todesstreifen" und riskierten dabei, von DDR-Soldaten erschossen zu werden. 137 Opfer gab es nach Untersuchungen des „Zentrums für Zeithistorische Forschung" an der Berliner Mauer.

Mit der friedlichen Revolution in der DDR endete die Spaltung Berlins. Am 9. November 1989 stürmte die Bevölkerung die Grenze, ein halbes Jahr später begann der Abriss der Mauer. Zwei Monate nach der Wiedervereinigung Deutschlands am 3. Oktober 1990 waren die innerstädtischen Grenzanlagen auf einer Länge von 43 Kilometern verschwunden. Nur wenige Reste blieben erhalten. Die Beseitigung der verhassten Mauer geschah so gründlich und die in den Jahren darauf folgenden Veränderungen im Stadtbild waren so gewaltig, dass es heute schwerfällt nachzuvollziehen, wo die Berliner Mauer eigentlich stand.

Dieses Buch dokumentiert den spektakulären Wandel seit dem Fall der Berliner Mauer, indem Fotos aus der Zeit der DDR und der Gegenwart gegenübergestellt werden. Ausgehend vom Brandenburger Tor, dem Symbol der Teilung Deutschlands und Berlins, führt es zu ausgewählten Orten an der Grenze, die West-Berlin einst zu einer Insel machte.

Berlin, the divided city

For almost three decades, from 1961 to 1989, a wall cut Berlin in two. The brutal structure cemented Germany's division after the Second World War and was a symbol of the Cold War, which – following the collapse of the Nazi dictatorship in 1945 – divided Europe into two hostile and opposing blocs. To this day, Berlin is still associated with the monstrous border installation, whose construction – a unique event in world history – began on 13 August 1961 right in the middle of the city.

The Berlin Wall resulted from the reconstruction of Europe by the Allies of World War II. The military alliance against Hitler's Germany, which consisted of France, Britain, the USSR and the U.S., divided the German territory between the Rhine and the Oder into four zones of occupation. As the former capital of the German Empire, Berlin was also divided into four sectors, whereby the city's "four-power status" assured all victorious powers the same rights. Shortly after 1945, however, the alliance against Hitler crumbled, and the United States and the Soviet Union began their battle for world supremacy. Under their aegis, two German States were created in 1949: the democratic Federal Republic of Germany (FRG) in the west and the communist German Democratic Republic (GDR) in the east.

Berlin was situated in East Germany, and the communist leadership developed the city's Soviet sector into the "capital of the GDR." West Berlin, which was under the protection of the Western Allies, was a thorn in the side of the East German rulers. As an "outpost of the free world", it attracted hundreds of thousands of people who fled the GDR for political or economic reasons. The socialist government began to seal off West Berlin on 13 August 1961 in order to halt this exodus.

From this point on, a 155-kilometer path of terror surrounded the island city. Over the years, the "anti-fascist protective wall", as it was called by state officials in the GDR, was perfected in its perfidious efficiency. In its final stage, the wall surrounding West Berlin consisted of 45,000 concrete elements, which were 3.60 meters high and 15 centimeters thick. A long concrete pipe on top of the wall made it difficult to climb over. Twelve border crossings remained passable.

The gray monotone wall shaped life in the walled city. Families were forcibly torn apart; friends were separated. The population in the GDR and East Berlin lived in what was akin to a prison, leading thousands to try to flee the country via the militarized "death strip", where they risked being shot by East German soldiers. According to studies conducted by the "Zentrum für Zeithistorische Forschung" (Center for Contemporary Historical Research), 137 people died at the Berlin Wall attempting to escape.

Berlin's division ended with the peaceful revolution in the GDR. On November 9, 1989, the population stormed the border and, six months later, the demolition of the wall began. Two months after Germany's reunification on October 3, 1990, the 43 kilometer long urban border fortification was gone. Only a few remnants remained. The elimination of the hated wall was so complete and, in the years that followed, changes in the cityscape so enormous, that today it is difficult to visualize where the Berlin Wall actually stood.

By juxtaposing photographs from the East German period with present-day images, this book documents the spectacular changes that have occurred since the fall of the Berlin Wall. Starting at the Brandenburg Gate, the symbol of the division of both Germany and Berlin, it leads counterclockwise to selected locations along the former border that once made West Berlin an island city.

Berlin, la ville divisée

Trois décennies durant, de 1961 à 1989, un mur coupa la ville de Berlin en deux. Cette construction monstrueuse scella la partition de l'Allemagne après la Seconde Guerre mondiale. Elle fut le symbole de la Guerre froide qui divisa l'Europe en deux systèmes politiques ennemis se faisant face quand la dictature nationale-socialiste s'effondra en 1945. Aujourd'hui encore, on associe Berlin au sinistre Mur édifié le 13 août 1961 coupant le cœur de la ville : c'est resté jusqu'à présent un cas unique dans l'histoire du monde.

Le Mur de Berlin était la conséquence de la réorganisation de l'Europe imposée par les Alliés de la Seconde Guerre mondiale. L'alliance militaire contre l'Allemagne hitlérienne constituée par la France, la Grande-Bretagne, l'Union soviétique et les États-Unis divisa le territoire allemand situé entre le Rhin à l'ouest et l'Oder à l'est en quatre zones d'occupation. Berlin, capitale du Reich allemand, fut également divisée en quatre secteurs, le statut quadripartite garantissant toutefois aux Alliés les mêmes droits. Mais l'alliance contre Hitler se délia peu après 1945, les États-Unis et l'Union Soviétique se disputant l'hégémonie du monde. Sous leur égide naquirent ainsi en 1949 deux États allemands, l'un démocratique: la République fédérale d'Allemagne (RFA) et l'autre communiste : la République démocratique allemande (RDA).

Berlin se trouvait au cœur de la RDA. Le secteur soviétique de la ville devint, sur décision des dirigeants communistes la « Capitale de la RDA ». Cependant, pour les dirigeants de la RDA, Berlin-Ouest, placé sous la protection des Alliés occidentaux était comme une épine dans le pied. La ville, « avant-poste du monde libre » était le lieu vers lequel fuyaient des centaines de milliers de citoyens de la RDA, opposants politiques ou économiques. Pour juguler cette hémorragie, les dirigeants socialistes bouclèrent Berlin-Ouest le 13 août 1961.

Une effroyable zone frontière de 155 kilomètres de long entourait et isolait désormais la ville. « Le Mur de protection antifasciste » fut d'année en année perfectionné dans sa perfide efficacité. Le Mur autour de Berlin se composait à sa fin de 45 000 plaques de béton de 3,60 mètres de haut et de 15 centimètres d'épaisseur. Pour empêcher son escalade, un tuyau de béton coiffait le haut du Mur. Il y avait 12 points de passage sur son pourtour.

Monotone, le Mur marquait de son empreinte la vie dans la ville. Des familles furent déchirées, des amis séparés. Dans toute la RDA et à Berlin-Est, le peuple vivait comme dans une prison. C'est pourquoi des milliers de gens tentèrent de s'évader et passèrent la dangereuse « zone frontière », risquant par là même de se faire fusiller par les soldats de la RDA., D'après le « Centre de recherche historique contemporaine » le Mur aurait fait 137 victimes.

La révolution pacifique en RDA mit fin à la division de la ville. Le 9 novembre 1989, le peuple força et passa la frontière. Six mois plus tard, on entreprit la démolition du Mur. Deux mois après la réunification allemande, le 3 octobre 1990, 43 kilomètres de la ligne de démarcation entre les deux parties de la ville avaient disparu. Seuls restèrent quelques vestiges. La destruction du Mur tant haï fut si radicale et les transformations qui suivirent dans la ville les années suivantes furent si grandes qu'il est aujourd'hui très difficile de retrouver l'emplacement précis du Mur.

Ce livre illustre le changement spectaculaire de Berlin depuis la chute du Mur par la juxtaposition de photos de l'époque de la RDA et de photos actuelles. Partant de la Porte de Brandebourg, symbole de la partition de l'Allemagne et de la division de la ville, il nous conduit, dans le sens inverse des aiguilles d'une montre, sur les lieux emblématiques d'une frontière qui faisait jadis de Berlin-Ouest une île.

Берлин, разделенный город

Почти три десятилетия, с 1961 г. по 1989 г., стена рассекала Берлин на две половины. Это бесчеловечное сооружение зафиксировало разделение Германии после Второй мировой войны и стало символом Холодной войны, расколовшей Европу на два враждебных блока. До сих пор Берлин ассоциируется с устрашающей пограничной полосой, вошедшей с 13 августа 1961 г. в мировую историю как единственный в своем роде занавес, посреди города.

Берлинская стена возникла вследствие нового порядка, установленного державами-победительницами в Европе. Союзники в войне против гитлеровской Германии – Великобритания, Советский Союз, США и Франция – поделили немецкую территорию от Рейна до Одера на четыре зоны оккупации. Берлин, как столица бывшего Германского Рейха, также был поделен на четыре сектора, что гарантировало четырем «Державам-победительницам» равные права. Однако вскоре после 1945 г. союзники по борьбе с Гитлером – Советский Союз и Соединенные Штаты Америки – стали соперниками в борьбе за мировое господство. Под их эгидой в 1949 г. возникли два немецких государства: свободная Федеративная Республика Германии (ФРГ) и Германская Демократическая Республика (ГДР).

Берлин располагался посреди ГДР. Советский сектор города был объявлен коммунистическими властями «столицей ГДР». Западный Берлин, остававшийся под защитой западных союзников, был своего рода занозой для восточногерманских правителей, потому что являлся «форпостом свободного мира» и целью для сотен тысяч людей, по политическим или по материальным соображениям бегущим из ГДР. Для того, чтобы прекратить этот исход, 13 августа 1961 г. социалистическое правительство герметично отгородилось от Западного Берлина стеной.

155-километровая полоса ужаса окружила теперь город-остров. С каждым годом грозный «Антифашистский оборонительный вал» становился всё более непроницаемым. В конце своего существования стена состояла из 45 тысяч бетонных элементов в 3,6 метра высотой и 15 сантиметров толщиной каждый. Толстая бетонная труба, уложенная поверх стены, делала попытку ее преодоления еще более невозможной. Для перехода границы были оставлены двенадцать контрольно-пропускных пунктов.

Однообразная стена ставила отпечаток на жизнь в разделенном городе. Силой оказались разорваны семьи, разъединены друзья. Население ГДР и Восточного Берлина жило будто в тюрьме. Поэтому тысячи людей, пытаясь бежать, рисковали оказаться убитыми выстрелом гэдеэровских солдат-пограничников на «полосе смерти». По данным «Центра современной истории», при попытке бегства у Берлинской стены погибли 137 человек.

Мирная революция в ГДР положила конец разделению Берлина. 9 ноября 1989 г. граждане Восточного Берлина штурмовали границу, полгода позднее начался демонтаж стены. Два месяца спустя после воссоединения Германии 3 октября 1990 г. пограничные укрепления внутри города протяженностью 43 километра навсегда исчезли. Сохранились лишь какие-то жалкие остатки. Удаление ненавистной стены произошло так основательно и облик города изменился так сильно, что сегодня трудно представить, где именно проходила эта стена.

Данная книга фиксирует захватывающие перемены в городе после падения Берлинской стены, сопоставляя фотографии времен ГДР и современности. Начиная от Бранденбургских ворот, символа разделения Германии и Берлина, автор книги ведет вас против часовой стрелки по избранным местам на бывшей границе, делавшей Западный Берлин островом.

Brandenburger Tor

Berlins berühmtes Wahrzeichen war 28 Jahre lang ein eindringliches Symbol für die deutsche Teilung. Das 1789–91 erbaute Brandenburger Tor stand unmittelbar an der Front zwischen Ost und West. Im streng bewachten Niemandsland der DDR-Grenze gelegen und damit isoliert von der restlichen Stadt, war das historische Stadttor weder vom Westen noch vom Osten her erreichbar. Die Ost-Berliner Prachtstraße Unter den Linden wurde durch den Bau der Mauer zur Sackgasse. Nach dem Mauerfall entstanden repräsentative Gebäude um den einst verödeten Pariser Platz östlich des Brandenburger Tores.

For 28 years, Berlin's famous landmark was a haunting symbol of Germany's division. Built in 1789–91, the Brandenburg Gate stood directly on the frontier between East and West. Located in the tightly guarded no man's land of the East German border and, thus, isolated from the rest of the city, the historical city gate was inaccessible from both the West and the East. East Berlin's boulevard Unter den Linden became a dead end with the construction of the wall. After the fall of the Berlin Wall, prestigious buildings were constructed around the once desolate Pariser Platz located east of the Brandenburg Gate.

L'emblème le plus célèbre de Berlin fut 28 ans durant un symbole fort de la partition allemande. Érigée entre 1789 et 1791, la Porte de Brandebourg se trouvait exactement sur la ligne de front entre l'Est et l'Ouest. Seule au milieu de ce no man's land extrêmement surveillé que formait la frontière de la RDA et totalement isolée du reste de la ville, cette porte historique n'était accessible ni de l'Ouest ni de l'Est. La prestigieuse avenue de Berlin-Est, Unter den Linden était un cul-de-sac depuis la construction du Mur. Après la chute du Mur, des immeubles furent érigés autour de la Pariser Platz dévastée, à l'est de la Porte de Brandebourg.

Самое знаменитое место Берлина в течение 28 лет являлось зримым символом разделения Германии. Построенные в 1789–1791 гг., Бранденбургские ворота стояли непосредственно на «фронте» между Западом и Востоком. Находясь в строго охраняемой зоне границы ГДР и, таким образом, оставаясь оторванными от остального города, исторические ворота были недоступны как с Запада, так и с Востока. Роскошная восточноберлинская улица Унтер ден Линден после возведения стены превратилась в тупик. Когда стена пала, были построены новые репрезентативные здания на когда-то пустой Парижской площади восточнее Бранденбургских ворот.

2013

1961

Pariser Platz, Unter den Linden

2008

1987

2004

1986

Reichstagsgebäude

Wo heute das politische Herz Deutschlands schlägt, war zu Mauerzeiten für die Bürger der geteilten Nation die Welt zu Ende. Das Reichtagsgebäude stand auf West-Berliner Gebiet, mit dem Rücken zur Grenze. Kaum genutzt, fristete es ein Dasein als Mahnmal. Am 19. April 1999, knapp zehn Jahre nach dem Mauerfall, zog der Deutsche Bundestag in den historischen Prachtbau ein, der erstmals 1894 für das deutsche Parlament eingeweiht worden war. An beiden Ufern der Spree, einst unüberbrückbarer Grenzfluss mit Todesstreifen, entstanden Bauten für die Volksvertreter des wiedervereinigten Landes.

During the period of the Berlin Wall, where the political heart of Germany now beats, was where the world ended for the citizens of the then divided nation. The Reichstag building was located in West Berlin, with its back facing the border. Hardly used, it served as a memorial. On 19 April 1999, almost ten years after the fall of the Berlin Wall, the German Bundestag moved into the magnificent structure, which was first inaugurated in 1894 for the German Parliament. On both banks of the river Spree, once a border river with a death strip, buildings for the representatives of the reunited country were erected.

Pour les citoyens de l'Allemagne divisée, le monde s'arrêtait là où de nos jours bat son cœur politique : au Reichstag. L'édifice se dressait sur le territoire de Berlin-Ouest mais était adossé à la frontière. Peu utilisé, il n'était plus qu'un témoin du passé. Le 19 avril 1999, dix ans à peine après la chute du Mur, le Bundestag allemand s'installa dans cet édifice imposant construit en 1894 pour accueillir le parlement allemand. Sur les deux berges de la Sprée, autrefois rivière frontière minée et infranchissable, furent construits les bureaux des parlementaires du pays réunifié.

На месте, где сегодня бьется сердце политики Германии, во времена Берлинской стены для жителей разделенного города был конец мира. Здание Рейхстага располагалось на территории Западного Берлина, выходя одной стороной к границе. Почти не использовавшееся, оно отживало свой век как памятник. Десять лет спустя после падения стены, 19 апреля 1999 г. в это величественное историческое сооружение, еще с 1894 г. служившее германским парламентом, переселился Германский Бундестаг. По обеим сторонам Шпрее, непересекаемой прежде пограничной реки, были возведены здания для депутатов парламента воссоединенной страны.

1987

2013

Bahnhof Friedrichstraße

Als zentraler Knotenpunkt Ost-Berlins wurde der Bahnhof Friedrichstraße, in dem sich die oberirdische Stadtbahn und unterirdische Nord-Süd-Verbindungen kreuzen, als Grenzstelle genutzt. Aus dem Westen konnte man per S- und U-Bahn die Intershops und den Grenzübergang erreichen. Die DDR-Bürger, die nur die oberirdischen Bahnanlagen nutzen konnten, waren von ihnen rigoros getrennt. Auf dem Bahnhofsvorplatz entstand eine Abfertigungshalle für die Ausreise aus der DDR, „Tränenpalast" genannt.

As the central hub of East Berlin, the Friedrichstrasse Train Station, where the aboveground and underground rail connections intersected, served as a border crossing. Western visitors could reach the East German Intershops and the border crossing by S- and U-Bahn. East German citizens, who were only permitted to use the aboveground rail system, were separated from Westerners. On the square in front of the station, a terminal building for departure from the GDR was created and referred to as the "Tränenpalast" (Palace of Tears).

Nœud ferroviaire de Berlin-Est, la gare de Friedrichstraße où se croisaient le chemin de fer urbain (S-Bahn) en haut et une ligne nord-sud du métro souterrain devint un point de passage. Venant de l'Ouest, on pouvait, par le S-Bahn ou le métro, atteindre la frontière ou faire ses courses dans les Intershop, ou boutiques détaxées. Les citoyens de la RDA eux n'avaient pas accès aux lignes souterraines. Sur la place, devant la gare, la RDA construisit un vaste hall, « Le Palais des larmes », salle des adieux destinée à ceux qui émigraient en RFA.

Вокзал Фридрихштрассе, являющийся главным узловым пунктом Восточного Берлина, где пересекаются наземные и подземные линии метро, использовался как пограничный пункт. Для приезжавших с Запада, здесь были расположены магазины беспошлинной торговли и предусмотрена возможность перехода границы. Граждане ГДР не имели права спуститься в метро. Поэтому на площади перед вокзалом для выезжающих из ГДР был сооружен павильон КПП, так называемый «Дворец слёз», здесь люди из западной и восточной части Германии вынуждены были прощаться друг с другом.

Zur Grenzübergangsstelle
Weiße Kontrollinie nicht vor Aufforderung überschreiten!
INFORMATION
1982

Berlin Friedrichstraße
2013

1966

2013

„Tränenpalast“

Invalidenstraße

Die Invalidenstraße war fast drei Jahrzehnte lang nur durch ihren Grenzübergang bekannt, der zwischen der berühmten Klinik Charité und dem heutigen Bundesministerium für Wirtschaft und Energie lag. Weiter nördlich, an der Scharnhorststraße, erinnern Mauerreste auf dem Invalidenfriedhof daran, dass ein wesentlicher Teil der 1748 für preußische Militärs angelegten Ruhestätte rücksichtslos für den Todesstreifen einplaniert wurde. Zur aufwendig gesicherten Grenzanlage gehörten zahlreiche Wachtürme. Ein Exemplar blieb an der Kieler Straße erhalten, heute von Neubauten umgeben.

For nearly three decades, Invalidenstrasse was known almost exclusively as a border crossing situated between the Charité hospital and today's Federal Ministry of Economics and Energy. Further north, on Scharnhorststrasse, remnants of the wall that once surrounded Invaliden Cemetery recall the fact that the western part of the cemetery, built in 1748 as a final resting place for members of the Prussian military, was ruthlessly leveled to create the death strip. The elaborately secured border facilities included numerous watchtowers, one of which remains on Kieler Strasse, now surrounded by new buildings.

Trente ans durant ou presque, la Invalidenstraße ne fut connue que par son point de passage situé entre le célèbre hôpital de la Charité et l'actuel Ministère de l'Economie et de la Énergie. Plus au nord, le long de la Scharnhorststraße, quelques vestiges du Mur se trouvant dans le cimetière des Invalides rappellent au promeneur qu'une grande partie de ce cimetière crée pour les militaires prussiens en 1748 fut détruite pour permettre la construction du Mur. Le système de protection de la frontière était complexe et il comptait de nombreux miradors. Il en reste un dans la Kieler Straße, entouré maintenant d'immeubles.

Улица Инвалиденштрассе на протяжении почти тридцати лет была известна только из-за того, что здесь на участке между знаменитой клиникой Charité и зданием сегодняшнего Министерства экономики и энергии располагался пограничный пункт. Далее на север, на ул. Шарнхорстштрассе, сохранившиеся остатки стены у Инвалидного кладбища напоминают нам о том, что через большую часть этого, открытого в 1748 г. прусского военного некрополя, была проложена пограничная полоса. На ул. Килерштрассе сохранилась одна из многочисленных сторожевых вышек. В настоящее время вокруг этой вышки построены новые дома.

Bundesministerium
für Wirtschaft

B-TV 430
1972

2013

Invalidenfriedhof

1988

2007

Scharnhorststraße/Kieler Straße

Chausseestraße

An zahlreichen Orten sind die Wunden, die durch die Berliner Mauer entstanden sind, noch nicht verheilt. An der Chausseestraße, der Verlängerung der Friedrichstraße Richtung Wedding, befand sich einer der acht innerstädtischen Übergänge. Auch wenn die Anlage selbst verschwunden ist, bleibt die Lücke im Stadtbild weiterhin erkennbar. Am nahen Friedhof der St. Hedwiggemeinde herrscht wieder der Zustand aus der Zeit vor dem Mauerbau. Die Ruhestätte kann erneut von der Liesenstraße betreten werden, was durch den militärisch gesicherten Mauerstreifen unmöglich war.

In many places throughout the city, the wounds caused by the Berlin Wall have still not healed. One of the eight inner-city border crossings was located on Chausseestrasse, the extension of Friedrichstrasse towards Wedding. Even though the border installation itself is gone, the gap in the city remains apparent. At the nearby cemetery of St. Hedwig Church, the pre-wall situation again prevails: the resting place is accessible from Liesenstrasse, which was impossible then because of the militarized "wall strips."

Nombreux sont les endroits où les plaies ouvertes par le Mur ne sont pas encore refermées. Sur la Chausseestraße, le prolongement de la Friedrichstraße vers Wedding, se trouvait l'un des huit points de passage entre les deux Berlin. Même si le poste frontière a disparu, il reste un vide bien visible dans le tissu urbain. Au cimetière de la paroisse de Sainte-Edwige, on retrouve une situation antérieure à la construction du Mur. On y pénètre à nouveau par la Liesenstraße, chose parfaitement impossible à l'époque où le Mur était une fortification militaire.

Во многих местах до сих пор не зажили раны, оставленные Берлинской стеной. На ул. Шоссештрассе, являющейся продолжением ул. Фридрихштрассе в направлении района Веддинг, располагался один из контрольно-пропускных пунктов города. Хотя самой границы больше не существует, здесь по сей день заметна незастроенная еще дыра. Со стороны ул. Лизенштрассе вновь открыли вход на кладбище Св. Ядвиги, который существовал до возведения стены и который потом оказался недоступным из-за пограничных укреплений.

Scharnhorststraße

PROGRESS
FILM-VERTRIEB ZEIGT
Ende
des
französischen Sektors
ausgenommen
Einsatzfahrzeuge
Zoll und Polizei
Sie betreten die Hauptstadt der
Deutschen Demokratischen Republik
Berlin
You are entering Berlin the capital
of the German Democratic Republic
Vous entrez a Berlin capitale de la
Republique Democratique Allemande
1988

2013

1981

Friedhof Liesenstraße

Nordbahnhof

Der Nordbahnhof gehörte zu den vier in Ost-Berlin gelegenen „Geisterbahnhöfen" am Nord-Süd-Tunnel der S-Bahn: Die Züge durchfuhren Ost-Berliner Gebiet, ohne anzuhalten, die betreffenden Bahnhöfe waren verbarrikadiert worden. Am Ausgang zur Bernauer Straße ereigneten sich zahlreiche Fluchten, zwei davon endeten tödlich. Der 47-jährige Rudolf Urban stürzte kurz nach Mauerbau auf das Pflaster, als er sich aus einem Haus abseilte, und erlag seinen Verletzungen. 1962 erschossen Grenzposten am Nordbahnhof den 40-jährigen Ernst Mundt kaltblütig, kurz bevor er West-Berliner Gebiet erreichen konnte.

The Nordbahnhof S-Bahn station was one of the East Berlin's four "ghost stations" located along the north-south tunnel of the S-Bahn: these trains passed through East Berlin territory without stopping, and the stations in question were barricaded. Numerous escapes occurred at the exit to Bernauer Strasse, two of which ended fatally. Shortly after construction of the Berlin Wall, 47-year-old Rudolf Urban crashed down onto the pavement as he rappelled from a house, and died from his injuries shortly thereafter. In 1962, at Northbahnhof, border guards shot 40 -year-old Ernst Mundt in cold blood, killing him shortly before he could reach West Berlin.

La Gare du Nord était l'une des quatre gares « fantômes » de Berlin-Est, qui étaient situées le long du tunnel nord-sud de la S-Bahn. Les trains traversaient le territoire de Berlin-Est sans jamais s'arrêter et les gares étaient barricadées. La sortie sur la Bernauer Straße fut le lieu de nombreuses évasions dont deux furent mortelles. Rudolf Urban, 47 ans, fit une chute mortelle peu après la construction du Mur en tentant de fuir par un immeuble au moyen d'une corde. En 1962, Gare du Nord, les soldats de la frontière abattirent froidement Ernst Mundt, 40 ans, juste avant qu'il n'atteigne le sol de Berlin-Ouest.

Северный вокзал относится к четырем в Восточном Берлине так называемым «вокзалам-призракам» на линии городской электрички, идущей с севера на юг: поезда следовали здесь без остановки, расположенные по пути станции были забаррикадированы. У выхода с Северного вокзала к ул. Бернауерштрассе многие люди совершали попытки побега, две из которых закончились трагически. Вскоре после возведения стены 47-летний Рудольф Урбан разбился, пытаясь спуститься по веревке из одного из домов на границе. В 1962 г. пограничники хладнокровно застрелили 40-летнего Эрнста Мундта, почти уже оказавшегося на территории Западного Берлина.

1980

2013

1990

Friedrichstraße, Potsdamer u. Anhalter Bahnhof
Gesundbrunnen, Bernau, Oranienburg

2013

Bernauer Straße

Weil die Grenze exakt entlang der südlichen Häuserfront der Bernauer Straße verlief, wagten DDR-Bürger die Flucht mit einem Sprung aus den oberen Etagen auf den Gehweg, der zu West-Berlin gehörte. Für einige endete die Verzweiflungstat tödlich, so wie für Ida Siekmann, die am 22. August 1961 aus dem dritten Stock sprang. Nach dem Abriss der Mietshäuser wurden spektakuläre Tunnel für Flüchtlinge gegraben. Im Januar 1985 sprengte die DDR die Versöhnungskirche, die im Todesstreifen stand. Ein authentisches Stück der Grenze dient heute der Gedenkstätte Berliner Mauer als Mahnmal.

Because the border ran exactly along the southern front of the buildings on Bernauer Strasse, GDR citizens often attempted to escape by jumping from the upper floors onto the sidewalk, which was part of West Berlin. For some, like Ida Siekmann, such attempts proved fatal: on 22 August 1961, she died after having jumped from the third floor. After the demolition of these buildings, tunnels were dug through which refugees tried to escape. In January 1985, the GDR government demolished the Church of Reconciliation, located on the death strip. A piece of the border installation now serves as a memorial.

Comme les façades des immeubles bordant le côté sud de la Bernauer Straße formaient la frontière, des citoyens de la RDA, pour fuir, se jetèrent des fenêtres sur le trottoir, celui-ci appartenant à Berlin-Ouest. Pour certains, cet acte désespéré se termina par la mort, comme pour Ida Siekmann, qui sauta du troisième étage le 22 août 1961. Les immeubles furent détruits, mais des tunnels furent creusés, permettant des évasions. En 1985, la RDA fit démolir l'église de la Réconciliation qui se trouvait dans la zone frontière. Un tronçon authentique de la frontière sert de mémorial au Centre de documentation du Mur.

Так как граница проходила непосредственно по фасадам домов вдоль ул. Бернауерштрассе, многие из граждан ГДР пытались совершить побег, выпрыгнув с верхних этажей на тротуар улицы, лежащей уже в Западном Берлине. Кто-то из них заплатил за это своей жизнью, как, например, Ида Зикман, которая 22 августа 1961 г. прыгнула с третьего этажа. После того, как эти дома снесли, стремящиеся бежать прокапывали под землей впечатляющие туннели. В январе 1985 г. власти ГДР взорвали церковь Примирения, стоявшую на пограничной полосе. Подлинный кусок стены является сегодня мемориалом «Берлинская стена».

2013

WER HIER DURCHKOMMT KRIEGT VON MIR 'NE MARK
FIN DU SECTEUR FRANÇAIS

1981

Versöhnungskirche/
Kapelle der Versöhnung

1981

2013

1985

1985

Ackerstraße
1961

1985

1981

2013

2012

Mauerpark

Freud und Leid lagen in der Mauerstadt bisweilen unmittelbar nebeneinander. Zum Beispiel in Prenzlauer Berg: Während im Ludwig-Jahn-Stadion Fußballspiele stattfanden, patrouillierten an der Westflanke der Arena Grenzsoldaten. Entlang der Schwedter Straße am östlichen Ende der Bernauer Straße verlief die Demarkationslinie. Die Hochsicherheitszone des Grenzstreifens wurde nach dem Ende der DDR in eine Grünfläche verwandelt. Der Mauerpark ist heute ein beliebter Treffpunkt für junges Publikum. Reste der Hinterlandmauer auf dem künstlichen Hang des Stadions werden von Graffiti-Künstlern genutzt.

In the walled city, joy and sorrow often existed side by side, as, for example, in Prenzlauer Berg: while soccer matches were being held in the Ludwig Jahn Stadium, border guards patrolled the western edge of the arena. The demarcation line ran along Schwedter Strasse, on the eastern end of Bernauer Strasse. This high security zone on the border strip was transformed into a green space after the dissolution of the GDR. The Wall Park is now a popular meeting place for young people. Remnants of the interior wall located on the artificial slope of the stadium are used by graffiti artists.

Joie et souffrance se côtoyaient parfois dans la ville du Mur. À Prenzlauer Berg par exemple. Pendant que dans le stade Ludwig Jahn se déroulaient des matchs de football, les soldats des frontières patrouillaient le long du stade, sur son flanc ouest. Le long de la Schwedter Straße, à l'extrémité est de la Bernauer Straße, passait la ligne de démarcation. Cette zone frontière de haute sécurité fut transformée en espace vert après la disparition de la RDA. Le Mauerpark est maintenant un lieu de rencontre privilégié des jeunes. Les vestiges du Mur sur la colline artificielle sont couverts de graffitis.

Радость и горесть иной раз соседствовали в разделенном стеной городе. Например, в Пренцлауер Берге: во время проведения футбольных матчей на арене «Людвиг-Ян» наряды пограничников патрулировали западную трибуну стадиона. Вдоль ул. Шведтерштрассе на восточной оконечности Бернауерштрассе проходила демаркационная линия. После объединения Германии пограничная зона была преобразована в парк. Этот так называемый «Мауерпарк» стал в наши дни излюбленным местом встреч молодежи. Остатки стены на холме стадиона сегодня используются мастерами граффити.

Ludwig-Jahn-Stadion

1999

Bornholmer Straße

Die Bösebrücke im Verlauf der Bornholmer Straße ist ein historischer Ort: Am dortigen Grenzübergang öffneten sich am späten Abend des 9. November 1989 zuerst die Schlagbäume. Gegen 23 Uhr kapitulierten die wachhabenden DDR-Soldaten vor dem Ansturm Zehntausender Ost-Berliner, die laut „Tor auf! Tor auf!" forderten. Eine Stunde später standen auch die anderen Übergänge offen. Wo sich wildfremde Menschen überglücklich in die Arme fielen, herrscht heute reger Durchgangsverkehr. Der S-Bahnhof unter der Brücke war 28 Jahre lang ein „Geisterbahnhof".

The Bösebrücke along Bornholmer Strasse is a historical site: it was on this border crossing that, late in the evening of 9 November 1989, the first barriers along the border opened. At about 11.00 pm, the GDR soldiers keeping watch here gave into the onslaught of tens of thousands of East Berliners, who loudly demanded, "Open the gates, open the gates!" An hour later, the other border crossings were also opened. Today there is bustling traffic where overjoyed strangers once fell into each other's arms. The S-Bahn station under the bridge had been a "ghost station" for 28 years.

Le Bösebrücke, au bout de la Bornholmer Straße, est un lieu historique : c'est à ce point de passage que les barrières cédèrent dans la soirée du 9 novembre 1989. Vers 23 heures, les gardes-frontière de la RDA capitulèrent sous l'assaut de dizaines de milliers de Berlinois de l'Est hurlant « Ouvrez les portes ! ». Une heure plus tard, les autres postes frontières étaient ouverts. Là où tant de gens qui ne se connaissaient pas s'embrassèrent règne maintenant une intense circulation. La gare de la S-Bahn située sous le pont fut durant 28 ans une gare fantôme.

Мост Бёзебрюке на Борнхольмерштрассе является историческим местом: на располагавшемся там пограничном пункте поздним вечером 9 ноября 1989 г. шлагбаумы были подняты первыми. Около 23 часов под натиском десятков тысяч восточноберлинцев, скандировавших: «Раскрыть ворота! Раскрыть ворота!», сдались несшие караул солдаты-пограничники ГДР. Еще час спустя были открыты и другие КПП. На этом месте, где обнимались совершенно незнакомые друг с другом люди, сегодня царит оживленное движение. Станция городской электрички под этим мостом на протяжении 28 лет была «вокзалом-призраком».

Bösebrücke

Der Sozialismus triumphiert, wir sind die Stärkeren
12 JAHRE DDR

1961

M13

2013

Nordgraben

Die Grenze mitten durch die Stadt hatte an manchen Orten trügerische Idyllen geschaffen. Zwischen Pankow (Ost) und Reinickendorf (West) lag am Rande des Bahndamms verborgen ein Haus mit Garten – wie geschützt durch die Mauer. Mit dem Ende der Teilung verschwand auch dieses scheinbare Idyll südlich des Nordgrabens, der die Panke mit dem Tegeler See verbindet. Das benachbarte Industriegelände, Jahrzehnte durch die Grenze im Zaum gehalten, verleibte sich das romantische Kleinod ein. Nördlich der Grenze am Nordgraben entstand 1963–74 eine West-Berliner Trabantenstadt, das Märkische Viertel.

The border area situated within the city often resulted in some deceptively idyllic places. Situated between Pankow (East Berlin) and Reinickendorf (West Berlin) on the edge of a rail embankment and hidden from view, stood a small house with a garden – as if protected by the wall. With the end of the city's division, this apparent oasis south of the Nordgraben, which connects the Panke river with the Tegeler Lake, disappeared. The neighboring industrial complex, for decades curbed by the border, has since absorbed the romantic gem. From 1963–74, the West Berlin suburb Märkisches Viertel was located north of the border at Nordgraben.

La frontière qui traversait la ville avait crée à certains endroits des paradis illusoires. Entre Pankow (à l'Est) et Reinickendorf (à l'Ouest) se dressait le long de la voie ferrée une maison avec son jardin – cachée et comme protégée par le Mur. La réunification de la ville signa la disparition d'un autre paradis illusoire situé au sud du Nordgraben (déversoir), qui relie la Panke au Tegelersee. La zone industrielle voisine jugulée des années durant par la frontière était devenue un petit coin romantique. Au nord de la frontière, le long du Nordgraben, on construisit entre 1963 et 1974 la cité-dortoir de Berlin-Ouest : le Märkisches Viertel.

В некоторых местах города граница создала видимость идиллии. Между Панков (на Востоке) и Райникендорфом (на Западе), сбоку от железнодорожной насыпи, будто под прикрытием стены, приютился в свое время неприметный домик с садом. С окончанием разделения города исчезла подобная идиллическая картина и на южном краю рва Нордграбен, соединяющего речку Панке с Тегельским озером. Соседняя промзона, окруженная в течение десятилетий оградой, захватила теперь это уединенное место. Севернее границы у Нордграбен в 1963–1974 гг. возник город-спутник Западного Берлина Меркишес-Фиртель.

1987

Entenschnabel / Stolpe

Eines der Kuriosa, die das Monstrum Berliner Mauer schuf, war der sogenannte Entenschnabel im Norden von Berlin. Wie ein Stachel ragte die Straße Am Sandkrug des Ortes Glienicke (DDR) in den West-Berliner Bezirk Reinickendorf. Das ummauerte Terrain, in dem nur „zuverlässige" DDR-Bürger wohnten, durchschnitt auch die historische Verbindung zwischen den Ortsteilen Hermsdorf und Frohnau. Westlich von Frohnau wurde noch in den 1980er Jahren für die Transitautobahn Richtung Hamburg der Grenzübergang Stolpe-Süd gebaut, der heute als Raststätte fungiert.

One of the curiosities created by the monstrous Berlin Wall was the so-called "Entenschnabel" (Duckbill) area in the north of Berlin. Like a thorn, the street Am Sandkrug (in the East Berlin district Glienicke) reached into the West Berlin district of Reinickendorf. The walled terrain, in which only "reliable" GDR citizens were permitted to live, also intersected the historical connection between the Hermsdorf and Frohnau districts. West of Frohnau, the Stolpe-Süd border crossing was built for the transit highway to Hamburg in the 1980s. Today it serves as a highway rest area.

Autre curiosité née de la monstruosité du Mur de Berlin : le fameux « Bec de canard » qui se trouvait dans le nord de la ville. La rue Am Sandkrug située sur la commune de Glienicke (RDA) pénétrait comme une épine dans le quartier de Reinickendorf (Berlin-Ouest). Ce territoire emmuré où ne vivaient que des fidèles du régime socialiste coupait aussi une voie historique reliant Hermsdorf et Frohnau. À l'ouest de Frohnau, on construisit dans les années 80 une autoroute de transit vers Hambourg et donc le poste frontière de Stolpe-Süd, aujourd'hui aire d'autoroute.

Одним из курьезов, возникших благодаря Берлинской стене, был так называемый «Утиный клюв» на севере Берлина. Подобно клюву вклинивалась улица Ам Зандкруг из района Глинике (ГДР) в западноберлинский район Райникендорф. Обнесенная стеной территория, на которой проживали лишь «надёжные» граждане ГДР, перерезала также исторически связанные между собой районы Хермсдорф и Фронау. Западнее Фронау еще в 1980-х гг. был выстроен контрольно-пропускной пункт Штольпе-Зюд для транзитного проезда в направлении Гамбурга, в настоящее время служащий придорожным рестораном.

Stolpe-Süd

1982

Am Sandkrug

1999

Kolonie Erlengrund

West-Berlin hatte mehrere Exklaven – Areale, die außerhalb des ummauerten West-Berlin lagen, aber dennoch zu ihm gehörten. Eine dieser Exklaven war die Laubenkolonie Erlengrund an der Havel nördlich des Bezirks Spandau. Gegenüber dem umliegenden DDR-Gebiet war sie ebenfalls durch eine Mauer getrennt. Um zu ihrer Laube zu gelangen, mussten die Kleingärtner über einen vergitterten Weg durch den Todesstreifen gehen. Man versuchte, die Exklaven durch Gebietsaustausch aufzulösen. Der Erlengrund wurde im Juli 1988 mitsamt benachbarter Fichtewiese mit Spandau verbunden.

West Berlin had several enclaves – areas that were outside the walled part of the city but still officially part of it. One of these enclaves was the garden colony Erlengrund on the river Havel north of West Berlin's Spandau district. It was also separated by a wall from the GDR territory surrounding it. In order to reach the garden allotments there, gardeners had to go through a barred path through the death strip. Efforts were made to dissolve the enclaves by exchanging territory. Erlengrund and the neighboring spruce meadow were physically connected to Spandau in July 1988.

Berlin-Ouest possédait plusieurs enclaves, des territoires situés en dehors des frontières murées de Berlin-Ouest. Au nord de Spandau, sur les bords de la Havel, se trouvait l'une d'elles, la colonie d'Erlengrund, composée de jardins ouvriers. Elle était également isolée du territoire de la RDA par un mur. Pour rejoindre leurs jardins, les propriétaires devaient emprunter un chemin grillagé traversant la zone frontière. Des tentatives d'échanges de ce territoire contre un autre furent entreprises. En juillet 1988, Erlengrund et Fichtewiese furent reliés à Spandau.

Западный Берлин имел несколько эксклавов – т.е. территории, расположенные вне этой части города, но принадлежавшие ему. Одним из таких эксклавов было садовое товарищество Эрленгрунд, лежащее на Хафеле севернее района Шпандау и окруженное собственной стеной. Чтобы попасть к своим участкам, садоводам нужно было пересечь пограничную полосу, обнесенную колючей проволокой. Предпринимались попытки обмена такими эксклавами. В июле 1988 г. Эрленгрунд, а также соседнее товарищество Фихтевизе объединились с западноберлинским районом Шпандау.

1980

1976

1999

Bahnhof Staaken

Die Eisenbahnstrecken zwischen West-Berlin und Bundesrepublik verliefen in abgeschirmten und streng bewachten Korridoren. In Richtung Hannover fuhren die Züge im Ortsteil Staaken an langen Betonwänden vorbei – durch eine gefängnisartige Anlage, die längst verschwunden ist. Wo früher Interzonenzüge durch die Landschaft schlichen, sausen heute ICE-Züge in Ost-West-Richtung. An der Brücke über dem Bahndamm entstand der Bahnhof Staaken für Regionalzüge neu. Die grünbewachsene Schneise am Finkenkruger Weg erinnert an den Verlauf der Mauer westlich der Gartenstadt Staaken.

The railway routes between West Berlin and the Federal Republic of Germany were located in protected and heavily guarded corridors. Trains to Hanover traveled through the East German town of Staaken, passing by concrete walls and through a prison-like facility, now long gone. Where trains from Berlin to West Germany once crept through the countryside, ICE trains now speed along in the east-west direction. At the bridge over the railway embankment, the Staaken station for regional trains was rebuilt. Now green with vegetation, the clearance at Finkenkruger Weg is reminiscent of the path of the wall west of garden city Staaken.

Les lignes de chemin de fer reliant Berlin-Ouest à la République fédérale empruntaient des corridors protégés et extrêmement surveillés. Les trains qui partaient pour Hannovre traversaient le quartier de Staaken entre deux murs de béton, semblables à ceux d'une prison. Ils ont disparu depuis longtemps. Sur ces voies où circulaient cahin-caha les trains de transit roulent maintenant à grande vitesse les ICE des lignes est-ouest. La coulée verte qui longe la Finkenkruger Weg rappelle qu'ici même passait jadis le Mur, à l'ouest de la cité-jardin de Staaken.

Железнодорожные линии между Западным Берлином и ФРГ проходили по огороженным и строго охраняемым коридорам. В направлении Ганновера через район Штаакен поезда следовали мимо похожих на тюрьмы сооружений, которые уже давно исчезли. Где ползли прежде региональные поезда ГДР, сегодня в направлении с запада на восток и обратно мчатся скоростные экспрессы ICE. На перекинутом через железную дорогу мосту был отстроен новый вокзал. Заросшая зеленью просека на Финкенкругервег напоминает о бывшем направлении стены от Штаакена на запад.

1981

2013

Finkenkruger Weg

1999

Staaken

Im Rahmen eines Gebietsaustausches wurde der westliche Teil des Spandauer Ortsteils Staaken Ende 1945 unter sowjetische Befehlsgewalt gestellt, während das restliche Spandau zum britischen Sektor gehörte. Dies führte dazu, dass West-Staaken, inzwischen der DDR-Gemeinde Falkensee eingegliedert, durch den Mauerbau 1961 samt Dorfkirche vom Mutterbezirk abgenabelt wurde. Das Gotteshaus aus dem 15. Jahrhundert stand plötzlich am Eisernen Vorhang. Auch der Transitübergang Heerstraße in Richtung Hamburg lag auf ehemals Spandauer Gebiet. Seit 1990 gehört West-Staaken wieder zu Berlin.

As part of an exchange of territory, Staaken, located in the western part of Spandau, was placed under Soviet authority in late 1945, while the rest of Spandau belonged to the British sector. West-Staaken was then incorporated into the East German district of Falkensee. With the construction of the Berlin Wall in 1961, it and the village church were cut off from the main district. The 15th century church was suddenly located along the Iron Curtain. Even the Heerstrasse transit crossing in the direction of Hamburg was located on what was once Spandau territory. Since 1990, West-Staaken has once again been part of Berlin.

Dans le cadre des échanges de territoire, Staaken, la partie occidentale de Spandau, fut placée fin 1945 sous l'autorité soviétique pendant que le reste du district de Spandau était anglais. Staaken-Ouest, incorporé par la RDA à la commune de Falkensee, fut donc coupé, église comprise, de son arrondissement et de sa paroisse d'origine en 1961 par le Mur. La petite église du XVe siècle se trouvait tout à coup face au rideau de fer. Le poste frontière de la Heerstraße, à l'entrée de la route de transit pour Hambourg, se trouvait lui-même sur l'ancien territoire de Spandau. Depuis 1990, Staaken fait à nouveau partie de Spandau.

В рамках обмена территориями в конце 1945 г. западная часть района Штаакен, которая раньше была в составе Шпандау, вошла в советскую зону оккупации, тогда как остальной Шпандау – в английскую. Это привело к тому, что западная часть Штаакена с находящейся в ней приходской церковью XV века присоединилась к гэдээровскому району Фалькензее и, таким образом, стала отрезанной от своего прихода. Также и контрольно-пропускной пункт в направлении Гамбурга Хеерштрассе расположился на территории Шпандау. С 1990 г. западная часть Штаакена снова воссоединилась с Берлином.

Dorfkirche Staaken

1984

2013

1989

Sacrower Heilandskirche

Die Heilandskirche im Schlosspark des Ortes Sacrow befand sich nach dem Bau der Mauer in einer besonders absurden Lage. Südlich von Spandau verlief die Grenze durch das Bett der Havel, die Betonmauer zog sich am nördlichen Ufer entlang. Das 1841–44 erbaute Gotteshaus, das in die Havel ragt, wurde zum Bestandteil der Sperrmauer gemacht, war fortan unzugänglich und verfiel. Schon vor dem Mauerfall mit westlicher Hilfe restauriert, konnte bereits zum Heiligabend 1989 das nun wieder malerisch gelegene Bauwerk von Ludwig Persius für einen Gottesdienst genutzt werden.

The Heilandskirche (Church of the Redeemer) in the palace park in Sacrow was confronted with an absurd situation following the construction of the wall. The border south of Spandau ran through the riverbed of the Havel, and the concrete wall ran along its northern shore. The church, built in 1841–44, extended into the Havel; it became part of the border installation and thus inaccessible and fell into disrepair. Even before the fall of the wall, the church was restored with western help, and the once again picturesquely situated structure by Ludwig Persius was used for a service on Christmas Eve 1989.

La Heilandkirche érigée dans le parc du château de Sacrow s'est trouvée après la construction du Mur dans une situation particulièrement absurde. En effet, au sud de Spandau, la frontière passait dans le lit de la rivière et le Mur longeait la rive nord. L'église construite entre 1841 et 1844 par Persius sur la Havel fut intégrée au mur de la frontière et, devenue inaccessible, elle était condamnée au délabrement. Restaurée grâce à des financements occidentaux avant la chute du Mur, on put, dès 1989 , célébrer la messe de Noël dans ce lieu qui avait retrouvé toute sa beauté.

Церковь Спаса в дворцовом парке поселка Сакров с возведением Берлинской стены оказалась в абсурдном положении. Южнее Шпандау граница проходила по руслу реки Хафель, бетонная стена возвышалась на северном берегу. Построенная прямо около реки в 1841–1844 гг. архитектором Людвигом Персиусом церковь, стала частью этой стены. Оказавшись никому недоступной, она постепенно обветшала. Еще незадолго до объединения Берлина ее отреставрировали с западной помощью, так что уже на Рождество 1989 г. этот идиллически расположенный храм снова смог использоваться для службы.

1989

1999

Glienicker Brücke

Im äußersten Südwesten Berlins führt die Glienicker Brücke über die Havel nach Potsdam. Das 1907 errichtete Bauwerk war ein legendärer Schauplatz des Kalten Krieges. Die USA und die Sowjetunion tauschten hier enttarnte Spione und Inhaftierte aus. Bei einer besonders spektakulären Aktion im Juni 1985 wechselten 27 Personen die Seiten. Im Februar 1986 konnte der sowjetische Bürgerrechtler Anatol Schtscharanski im Zuge eines Agentenaustausches in den freien Westen ziehen. Nahe der Brücke liegt ein idyllischer Ortsteil von Potsdam-Babelsberg, der von der Mauer umschlossen war.

In the far southwest of Berlin, Glienicke Bridge crosses over the Havel to Potsdam. Erected in 1907, the structure was a legendary venue during the Cold War. It was here that the U.S. and the Soviet Union exchanged prisoners and exposed spies. In a particularly spectacular action in June 1985, 27 people changed sides. In February 1986, the Soviet civil rights activist Anatoly Shcharansky was able to go to the free West as part of an agent exchange. Near the bridge is an idyllic part of Potsdam-Babelsberg, which was once surrounded by the wall.

À l'extrême sud-ouest de Berlin, le pont de Glienicke enjambe la Havel et mène à Potsdam. Construit en 1907, il devint légendaire à l'époque de la Guerre froide. C'est ici en effet que les États-Unis et l'Union soviétique échangeaient leurs espions démasqués et leurs prisonniers. Lors d'une action spectaculaire en juin 1985, 27 personnes changèrent de côté. En février 1986, le défenseur des droits de l'homme soviétique Anatol Schtscharanski put, dans le cadre d'un échange d'agents, passer à l'Ouest. Un coin idyllique de Potsdam-Babelsberg se trouve non loin du pont, il était autrefois encerclé par le Mur.

На самом юго-западе Берлина через реку Хафель перекинут Глиникский мост, ведущий в Потсдам. Возведенное в 1907 г. сооружение, послужило легендарной сценой времен Холодной войны. Соединенные Штаты и Советский Союз производили тут обмен шпионов и заключенных. В июне 1985 г. состоялась особо сенсационная акция, когда сразу 27 человек перешли на противоположные стороны. В феврале 1986 г. здесь смог в результате такого обмена выйти на свободу советский диссидент Анатолий Щаранский. Недалеко от моста расположен идиллический район Потсдама Бабельсберг, ранее отгороженный стеной.

STOP
Potsdam
1986

2013

1986

Böttcherberg

1980

2013

Dreilinden

Wichtigstes Ausfalltor für die West-Berliner in Richtung Bundesrepublik war der Grenzübergang Dreilinden. Über den südwestlichen Kontrollpunkt verlief bis in die 1980er Jahre die einzige Autobahnverbindung zu den DDR-Transitwegen nach Helmstedt (Niedersachsen) und Hof (Bayern). In den Ferienzeiten wurde Dreilinden zum Nadelöhr: Für die West-Berliner gehörten stundenlange Wartezeiten vor der weiträumig abgeschirmten Kontrollanlage zum Reisebeginn. An die Vergangenheit erinnert ein Denkmalsockel neben der heutigen A 115, auf dem einst ein Sowjetpanzer stand.

The main exit point for the West Berliners in the direction of West Germany was the border crossing Dreilinden (Three Linden). Until well in the 1980s, the highway connection to the GDR transit routes to Helmstedt (Lower Saxony) and Hof (Bavaria) could only be reached via this southwestern checkpoint. During the holiday season, Dreilinden became a bottleneck: for West Berliners, the hours-long wait in front of the large, screened border control complex became part of the trip. A reminder of the past is a monument pedestal along today's A115 highway, where a Soviet tank once stood.

Le point de passage de Dreilinden était une poterne essentielle pour les Berlinois de l'Ouest qui se rendaient en Allemagne fédérale. Jusque dans les années 80, l'unique rocade autoroutière qui menait aux autoroutes de transit vers Helmstedt (Basse-Saxe) et Hof (Bavière) passait par Dreilinden. Goulot d'étranglement en période de départ en vacances, les Berlinois de l'Ouest attendaient des heures pour passer le contrôle et commencer leur voyage. Au bord de l'autoroute A115, un socle de béton sur lequel se dressait jadis un char soviétique témoigne encore de ce passé.

Главными воротами, ведущими в Западную Германию, являлся для западноберлинцев пограничный пункт Драйлинден. Через этот юго-западный контрольно-пропускной пункт вплоть до 1980-х гг. пролегала единственная транзитная дорога в Хельмштедт (в Нижней Саксонии) и Хоф (в Баварии). Во время школьных каникул Драйлинден превращался в игольное ушко: западноберлинцы часами стояли здесь, ожидая контроля, чтобы двинуться дальше. О прошлом напоминает возвышающийся на обочине нынешней автомагистрали А 115 пьедестал монумента, на котором стоял когда-то советский танк.

2013

1975

Waltersdorfer Chaussee

Die Waltersdorfer Chaussee war einmal eine idyllische, kaum genutzte Ausfallstraße von Neukölln ins brandenburgische Umland südlich Berlins. Die ländliche Geruhsamkeit der dörflichen Gegend wurde durch den Bau der Mauer konserviert. Nach dem Fall der Grenzanlagen hat sich die Situation jedoch grundlegend verändert. Die Chaussee von Berlin nach Schönefeld gehört heute zu den meistbefahrenen Hauptstraßen Richtung Süden. Und der Autoverkehr wird noch dramatisch zunehmen, weil die Waltersdorfer Chaussee zum neuen Großflughafen Berlin-Brandenburg führt.

Waltersdorfer Chaussee was once an idyllic, rarely used road leading from West Berlin's Neukölln district into the Brandenburg region south of the city. The peace of the rural village area was preserved by the construction of the Berlin Wall. After the fall of the border fortifications, the situation changed dramatically. The road from Berlin to Schönefeld is now one of the busiest thoroughfares heading south, and the traffic will increase even more because Waltersdorfer Chaussee leads to the unified city's new airport, Berlin-Brandenburg.

La Waltersdorfer Chaussee était jadis une charmante petite route peu fréquentée reliant Neukölln à la campagne brandebourgeoise au sud de Berlin. Le calme campagnard et villageois de l'endroit fut longtemps préservé du fait de la construction du Mur. Après sa chute, tout a cependant radicalement changé. La Waltersdorfer Chaussee qui relie Berlin à Schönefeld compte en effet parmi les routes les plus empruntées en direction du sud. Et la circulation automobile sera de plus en plus dense puisque cette route dessert le nouvel aéroport de Berlin-Brandenburg.

Вальтерсдофское шоссе было когда-то идиллической, почти неиспользуемой улицей, ведущей из Нойкельна в южные Берлинские пригороды. Провинциальная атмосфера этих мест как бы застыла с возведением стены. После ее падения ситуация однако кардинально изменилась. Сегодня это шоссе от Берлина к Шёнефельду является одним из самых загруженных магистралей в южном направлении. И движение еще более возрастет, когда будет закончено сооружение нового крупного аэропорта Берлин-Бранденбург.

1963

2004

Sonnenallee

Das südliche Ende der Neuköllner Sonnenallee liegt im Nachbarbezirk Treptow – von 1961 bis 1989 bedeutete dies: jenseits des Eisernen Vorhangs. Der hier angesiedelte, stark frequentierte Grenzübergang erlangte durch den Roman „Am kürzeren Ende der Sonnenallee" und den gleichnamigen Film Berühmtheit. 1966 trat der bekannte Chor „Schöneberger Sängerknaben" vor der deprimierenden Kulisse auf, um ein Zeichen der Hoffnung zu setzen. Eine Gedenktafel im Gehweg erinnert an die Teilung der Stadt und der Straße.

The southern end of Neukölln's Sonnenallee lies in the neighboring district of Treptow, which – from 1961 to 1989 – was behind the Iron Curtain. The very busy border crossing situated here became famous thanks to the novel "Am kürzeren Ende der Sonnenallee" (On the Shorter End of Sonnenallee) and the eponymous film. In 1966, the famous "Schöneberg Boys Choir" performed in front of the depressing setting in order to send a message of hope. A plaque in the pavement recalls the division of the city and the road.

La partie sud de la Sonnenallee qui traverse Neukölln se termine dans le district de Treptow, autrement dit, de 1961 à 1989, de l'autre côté du rideau de fer. Le point de passage qui s'y trouvait était très emprunté et devint célèbre grâce au roman puis au film Am kürzeren Ende der Sonnenallee. En 1966, la célèbre chorale des « Schöneberger Sängerknaben » se produisit dans ce lieu déprimant pour lui insuffler une bouffée d'espoir. Une plaque fixée sur le trottoir commémore la division de la ville et de la rue.

Южная оконечность нойкельнской улицы Зонненаллее расположена в соседнем районе Трептов – с 1961 г. по 1989 г. это означало: за железным занавесом. Находившийся здесь крупный пограничный пункт получил известность благодаря роману Томаса Бруссига «Солнечная аллея» и одноименному фильму. В 1966 г. своеобразным знаком надежды послужило выступление перед этим контрольно-пропускным пунктом знаменитого хора мальчиков Schöneberger Sängerknaben. Мемориальная доска на тротуаре напоминает нам о разделении улицы и города.

1966

2013

Heidelberger Straße

Die DDR hatte ganze Straßenzüge zu einer tödlichen Hochsicherheitszone ausgebaut. Mit Stacheldraht, Panzersperren und Nagelbrettern aus Stahl, Drähten, die Alarm auslösten, und patrouillierenden Wachmannschaften sollten Fluchten von Ost nach West verhindert werden. An der Heidelberger Straße in Treptow wurden die üblichen Grenzanlagen noch ergänzt durch einen tiefen Graben. Die Anwohner blickten auf eine Szenerie, die einer Kriegsfront glich. Wo einst eine unüberwindbare Schneise „Republikflüchtlinge" abhalten sollte, findet sich heute wieder eine ganz normale Straße.

The German Democratic Republic transformed entire streets into deadly high-security zones. Barbed wire, tank barricades, nail boards of steel, wires that triggered alarms and patrolling guards were intended to prevent escapes from the East to West. On Heidelberger Strasse in Treptow, the usual border facilities were intensified by a deep ditch that was dug in the middle of the street. The residents looked onto a scene that resembled a war front. Today, a normal road now runs where an insurmountable corridor once deterred "refugees of the republic".

La RDA avait transformé de nombreuses rues en zones de haute sécurité avec danger de mort. Des barbelés, des barrières antichars, des herses en acier, des fils déclenchant des alarmes et des patrouilles de soldats devaient empêcher les évasions de l'Est vers l'Ouest. Dans la Heidelberger Straße à Treptow, le système de protection était renforcé par un profond fossé. Le spectacle qui s'offrait aux riverains était semblable à celui d'une ligne de front. Transformée jadis en une zone infranchissable visant à retenir les « Fugitifs de la République », cette rue est redevenue tout à fait normale.

Гэдеэровские власти превращали в оборонительные сооружения целые улицы. Оснащенные колючей проволокой, противотанковыми ежами, шипованными стальными досками, звуковой сигнализацией, патрулями вооруженных солдат – они должны были препятствовать побегам на Запад. На улице Хайдельбергер штрассе в районе Трептов традиционные укрепления были еще более усилены глубоким рвом. Жители близлежащих домов взирали на всё это, будто на военный фронт. Там, где когда-то пролегала непреодолимая для «предателей республики» полоса, сегодня проходит самая обычная улица.

1981

2013

1981

2004

Lohmühlenstraße

Görlitzer Brücke

In Kreuzberg war das Gefühl der West-Berliner, eingesperrt zu sein, besonders gegenwärtig. Die Mauer an der Lohmühlenstraße verwehrte ihnen die traditionelle Erholung im nahen Treptower Park, der unerreichbar in Ost-Berlin lag. Deshalb entstand ein neuer Park auf dem Gelände des Görlitzer Bahnhofs, der wie alle Berliner Kopfbahnhöfe wegen der Teilung außer Betrieb war. Die alte Brücke für Züge in Richtung Görlitz, die über den Landwehrkanal führt und an der Mauer endete, blieb erhalten. Sie verbindet nun die beiden beliebten Grünflächen von Kreuzberg und Treptow.

The feeling West Berliners often had of being imprisoned was especially intense in Kreuzberg. The wall on Lohmühlenstrasse denied them their traditional relaxation in nearby Treptow Park, which was situated in inaccessible East Berlin. A new park therefore was built on the site of Görlitz Station, which, like all of Berlin's terminal stations, was no longer in use. The old railroad bridge in the direction of Görlitz, which leads over the Landwehr Canal and ended at the wall, was preserved. It now connects the two popular green areas of Kreuzberg and Treptow.

Pour les Berlinois de Kreuzberg (à l'Ouest), le sentiment d'enfermement était particulièrement présent. Dans la Lohmühlenstraße, le Mur les coupait du parc de Treptow, situé dans l'inaccessible Berlin-Est, et des possibilités de s'y détendre. C'est pourquoi on aménagea un parc sur l'aire de la gare de Görlitz, désaffectée comme beaucoup d'autres gares terminus suite à la division de la ville. Le vieux pont emprunté par les trains à destination de Görlitz qui enjambait le canal du Landwehr et butait contre Mur fut conservé. Il relie maintenant les parcs de Kreuzberg et de Treptow.

В районе Кройцберг западноберлинцы ощущали свою оторванность особенно. Стена на улице Ломюленштрассе воспрепятствовала традиционному ранее отдыху в близлежащем Трептов-парке, оказавшемся теперь в недоступном Восточном Берлине. Поэтому на территории бывшего Гёрлицкого вокзала, не действовавшего более из-за разделения города, был разбит новый парк. Старый мост через Ландвер-канал, оказавшийся в зоне стены, был сохранен. В настоящее время этот мост соединяет оба излюбленных жителями парка – в Трептове и в Кройцберге.

1969

1990

2013

Oberbaumbrücke

In der Mauerstadt wurden selbst Brücken zum Symbol der Trennung. Besonders traurig war der Anblick der Oberbaumbrücke, 1894–96 als prächtiges Bauwerk über der Spree errichtet. Den Weg über den Fluss, der an dieser Stelle komplett zu Ost-Berlin gehörte, versperrte eine Mauer, die U-Bahn-Strecke auf dem Viadukt war gekappt. Nur Fußgänger durften hier die Grenze passieren. Aus dem streng bewachten Grenzübergang ist ein Wahrzeichen des Bezirks Friedrichshain-Kreuzberg geworden. Das Baudenkmal im Stil der märkischen Backsteingotik wurde nach dem Ende der Spaltung aufwendig restauriert.

In the walled city, even bridges became a symbol of the division. Particularly sad was the sight of the Oberbaumbrücke, a magnificent structure on the Spree built in 1894–96. The roadway across the river, which belonged to East Berlin, was blocked by a wall, and the subway line on the viaduct was cut. Only pedestrians were allowed to cross the border here. The heavily guarded border crossing has become a landmark of the Friedrichshain-Kreuzberg district. The monument in the brick gothic style of the Mark Brandenburg region was extensively restored after the end of the city's division.

Dans la ville du Mur, les ponts aussi étaient devenus des symboles de la division. Construit entre 1894 et 1896 sur la Sprée, le superbe pont de l'Oberbaum avait triste mine. La route traversant la rivière qui appartenait à Berlin-Est était fermée par un mur et la ligne de métro était interrompue. Seuls les piétons pouvaient emprunter ce point de passage. Jadis très surveillé, le pont est devenu l'emblème du district de Friedrichshain-Kreuzberg. Classé monument historique, ce viaduc en brique rouge dans le style gothique de la Marche a été admirablement restauré après la chute du Mur.

В расколотом стеной городе даже мосты были символами разделенности. Особенно горьким был вид на когда-то великолепный мост Обербаумбрюке, перекинутый в 1894–1896 годах через Шпрее. Он целиком оказался на восточноберлинской территории, а возведенная стена обрубила проложенную по мосту линию метро. Только пешеходы могли пересечь здесь границу. Этот строго охраняемый контрольно-пропускной пункт стал своеобразным символом округа Фридрихсхайн-Кройцберг. Памятник архитектуры в стиле «кирпичной готики» после воссоединения был тщательно отреставрирован.

YOU ARE LEAVING
THE AMERICAN SECTOR
ВЫ ВЫЕЗЖАЕТЕ ИЗ
АМЕРИКАНСКОГО СЕКТОРА
VOUS SORTEZ
DU SECTEUR AMERICAIN
SIE VERLASSEN DEN AMERIKANISCHEN SEKTOR
KZ „DDR"

1961

2013

1962

BASF
2013

East-Side-Gallery

Aus einem trostlosen Teilstück des monotonen Mauerbandes wurde eine weltweit bekannte Touristenattraktion: die East-Side-Gallery. Während die ungeliebte Grenzanlage 1990 Stück für Stück aus dem Stadtbild verschwand, bemalten 118 Künstler aus 21 Ländern die unversehrt gebliebene Betonwand an der Mühlenstraße. Zwischen Oberbaumbrücke und Ostbahnhof zeigen die rund 100 Werke ein Kaleidoskop der Gefühle und Hoffnungen nach dem Ende der Spaltung Europas. Die 1,3 Kilometer lange Open-Air-Galerie ist durch neuere Bauvorhaben in ihrem Bestand gefährdet.

A desolate strip of the monotonous wall has become a world-famous tourist attraction: the East Side Gallery. While the unloved border complex was removed piece by piece from the cityscape in 1990, 118 artists from 21 countries painted an undamaged section of the concrete wall along Mühlenstrasse. Between the Oberbaumbrücke and Ostbahnhof, approximately 100 works present a kaleidoscope of feelings and hopes after the end of the division of Europe. The 1.3 kilometer long open-air gallery is threatened by new construction projects.

La East-Side-Gallery est un ancien tronçon du Mur devenu un haut lieu touristique. Alors que, morceau par morceau, on démolissait en 1990 l'épouvantable frontière, 118 artistes issus de 21 pays différents peignaient le mur de béton qui se dressait intact le long de la Mühlenstraße. Entre l'Oberbaumbrücke et la Gare de l'Est, cette centaine d'œuvres forme une sorte de kaléidoscope des sentiments et des espoirs nés de la fin de la partition de l'Europe. Des projets immobiliers menacent pourtant cette galerie en plein air qui s'étend sur 1,3 kilomètre.

Одна часть скучной и монотонной ленты стены стала всемирно известным туристическим объектом: это так называемая East-Side-Gallery. Когда с 1990 г. ненавистное укрепление стало постепенно исчезать с лица города, 118 художников из 21 страны мира разрисовали нетронутую еще часть стены на ул. Мюленштрассе. Около ста произведений между мостом Обербаумбрюке и Восточным вокзалом составили калейдоскоп чувств и надежд, возникших с окончанием раскола Европы. 1,3-километровая галерея под открытым небом может исчезнуть из-за появившихся новых проектов застройки этого места.

Mühlendamm

UNSER BEITRAG IM KARL-MARX-JAHR "Hohe Leistungen im sozialistischen Wettbewerb"
1983

HOSTEL EASTERN COMFORT
030-66763806
hostel & hotel

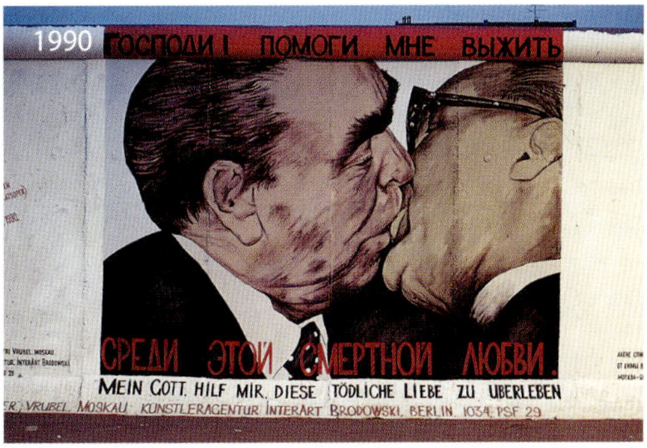
1990
ГОСПОДИ! ПОМОГИ МНЕ ВЫЖИТЬ
СРЕДИ ЭТОЙ СМЕРТНОЙ ЛЮБВИ.
MEIN GOTT. HILF MIR, DIESE TÖDLICHE LIEBE ZU ÜBERLEBEN

2013
STOP HOMOPHOBIA IN RUSSIA
Love Stories Suck!
СРЕДИ ЭТОЙ СМЕРТНОЙ ЛЮБВИ.
MEIN GOTT. HILF MIR, DIESE TÖDLICHE LIEBE ZU ÜBERLEBEN

Bethaniendamm

Historische Ereignisse prägten stets das Stadtbild Berlins. Nach der gescheiterten Märzrevolution 1848 entstand zur Beschäftigung von Arbeitslosen der Luisenstädtische Kanal. Im Jahr der Weltwirtschaftskrise 1929 wurde der innerstädtische Kanal zugeschüttet und bis 1932 in einen attraktiven Grünzug verwandelt. Dieser verschwand wiederum 1961, als das Gelände für den Todesstreifen eingeebnet wurde. Nach dem Fall der Mauer konnte der Park neben der imposanten St.-Thomas-Kirche (1864–69) in Kreuzberg nach historischem Vorbild rekonstruiert werden.

Historical events have always dominated the cityscape of Berlin. After the failed revolution in March 1848, the Luisenstädtische Canal was constructed as a way to give work to the unemployed. In 1929, the year of the world economic crisis, the city canal was filled and transformed into an attractive green space until 1932. This, in turn, disappeared in 1961 when the area was leveled to construct the death strip. After the fall of the Berlin Wall, the park next to the impressive St. Thomas Church (1864–69) in Kreuzberg was reconstructed according to the original plans.

Berlin a toujours porté les marques de son histoire. Pour occuper les chômeurs après la révolution manquée de mars 1848, on entreprit de creuser un canal dans la ville : le Luisenstädtischer Kanal. En 1929, l'année de la crise économique mondiale, on remblaya le canal et, en 1932, il était devenu un fort joli parc. Celui-ci disparut à son tour en 1961, quand il fallut aplanir le terrain pour y construire la zone frontière. Après la chute du Mur, on put enfin réaménager fidèlement le parc qui jouxte l'imposante église Saint-Thomas (1864–69) à Kreuzberg.

Исторические события постоянно оставляли отпечаток на облике Берлина. После неудачной мартовской революции 1848 г. в соответствии с планом по занятости безработных началось строительство Луизенштетишер-канала. В 1929 г., году мирового экономического кризиса, канал засыпали, и в период до 1932 г. он превратился в привлекательную зону отдыха. Эта зеленая зона исчезла, в свою очередь, в 1961 г., когда территория ее была превращена в пограничную полосу. После падения стены этот парк близ церкви Св. Томаса (1864–1869) в Кройцберге реконструировали по историческому прообразу.

2013

St.-Thomas-Kirche

1981

1988

1981

2013

Engeldamm

Bethaniendamm

Engelbecken

Zum Luisenstädtischen Kanal, aus dem bis 1932 ein Park entstand, gehört das Engelbecken. Das große Wasserbassin vor der St.-Michael-Kirche (1851–56) erfreut die Bewohner von Kreuzberg und Mitte. Als die Grenze den Park samt Engelbecken unter sich begrub, ahnten die West-Berliner nicht, welch kostbare Schönheit hinter der Mauer an der Kreuzberger Waldemarstraße im Dornröschenschlaf lag. Nach dem Fall der Berliner Mauer wurde das Engelbecken neu ausgehoben und befestigt. Heute stellt es einen zentralen Punkt des rekonstruierten Grünzugs namens Luisenstädtischer Kanal dar.

The Luisenstädtische Canal, transformed into a park complex from 1929–32, includes the Engelbecken (Angel's Basin). The large pool in front of St. Michael's Church (1851–56) delighted the residents of Kreuzberg and Mitte. When the border complex buried both the park and the Engelbecken, West Berliners had no idea what precious beauty lay in a deep sleep behind the wall on Kreuzberg's Waldemarstrasse. After the fall of the Berlin Wall, the Engelbecken was re-excavated and restored. Today it is the focus in the reconstructed green corridor called Luisenstädtische Canal.

Le Bassin des anges (Engelbecken) fait partie du Luisenstädtischer Kanal, aménagé en parc entre 1929 et 1932. Le grand bassin qui se trouve devant l'église Saint-Michel (1851–56) fait la joie des habitants de Kreuzberg et de Mitte. La frontière avait enseveli parc et bassin et les Berlinois de l'Ouest étaient loin d'imaginer quels trésors dormaient derrière le Mur longeant la Waldemarschstraße. Après la chute du Mur, le bassin fut remis à jour et étayé. Aujourd'hui, il est le point d'attraction du long parc réaménagé qu'on nomme toujours Luisenstädtischer Kanal.

К Луизенштетишер-каналу, превращенному в 1932 г. в парк, принадлежит пруд Энгельбекен. Обширный водный ареал перед церковью Св. Михаила (1851–1856) радует жителей районов Кроцберг и Митте. Когда граница поглотила парк вместе с прудом, западноберлинцы забыли о том, какая невероятная красота скрывается за стеной на кройцбергской ул. Вальдемарштрассе, погруженная в сон Спящей красавицы. После падения Берлинской стены пруд был расчищен и укреплен. Сегодня он является центром реконструированной зеленой зоны, называемой Луизенштетишер-канал.

Waldemarstraße

2013

1983

1984

2013

Engeldamm

Heinrich-Heine-Straße

Die Folgen der Teilung Berlins für historisch gewachsene Quartiere der Innenstadt sind an der Heinrich-Heine-Straße besonders deutlich spürbar. An dieser Straße zerschnitt der Mauerstreifen die Luisenstadt, eine Stadterweiterung aus der Mitte des 19. Jahrhunderts. Entstanden ist ein heterogenes Stadtbild aus typischen Alt-Berliner Mietshäusern und Plattenbauten der DDR. Der Übergang Heinrich-Heine-Straße lag an der Sebastianstraße: Dort stehen sich Altbauten in Kreuzberg (West) und Nachkriegsgebäude in Mitte (Ost) gegenüber – dazwischen verlief die Mauer.

The consequences Berlin's division had on the city's historically developed districts are especially apparent on Heinrich-Heine-Strasse. Along this street, the wall cut through Luisenstadt, a 19th century development. The result is a heterogeneous city consisting of typical Berlin tenement buildings and East German prefabricated buildings. The Heinrich-Heine-Strasse border crossing was located at the intersection of Sebastianstrasse, where old buildings in Kreuzberg (West) and post-war buildings in Mitte (East) face each other – between these stood the Berlin Wall.

Les répercussions de la division de la ville sur les quartiers du centre historique sont particulièrement visibles dans la Heinrich-Heine-Straße. Le Mur coupait ici la Luisenstadt, un quartier né au milieu du XIXe siècle quand la ville s'agrandit. Ce quartier hétérogène est composé d'immeubles berlinois typiques du XIXe siècle et de HLM datant de la RDA. Le point de passage Heinrich-Heine-Straße se trouvait dans la Sebastianstraße : là se dressent face à face les vieux immeubles de Kreuzberg (Ouest) et les nouveaux de Mitte (Est). Le Mur passait entre les deux.

Последствия разделения Берлина для растущих исторически районов города особенно заметны на ул. Генрих-Гейне-штрассе. На этой улице стена перерезала старинный район Луизенштадт, возникший еще в середине XIX века. Здесь образовалась неоднородная смесь типично старинных берлинских построек и гэдеэровских бетонных многоэтажек. Контрольно-пропускной пункт Генрих-Гейне-штрассе располагался на ул. Себастьянштрассе: там сейчас напротив друг друга стоят старые дома Кройцберга (Запад) и послевоенные постройки Митте (Восток) – между ними проходила стена.

1968

Sebastianstraße

2013

1968

Kommandantenstraße

Die Bundesdruckerei befindet sich seit 1951 an der Oranienstraße in Kreuzberg. Der umfangreiche Komplex, der aus der 1879 gegründeten Reichsdruckerei hervorging, grenzt an die Kommandantenstraße. Somit stand die Druckerei für bundesdeutsche Dokumente wie Ausweise und Reisepässe sowie für DM-Scheine ab dem 13. August 1961 kurioserweise direkt an der Mauer, die West-Berlin vom sozialistischen Teil Deutschlands trennte. Die Brache des Grenzstreifens, der hier besonders weiträumig ausfiel, hat sich mittlerweile in ein nobles Stadtviertel verwandelt.

The Federal Printing Office has been located on Oranienstrasse in Kreuzberg since 1951. The large complex, which developed out of the Imperial Printing Office established in 1879, runs adjacent to Kommandantenstrasse. Thus, as of 13 August 1961, the printing office for West German documents, including identity cards and passports, as well as West German marks, found itself right next to the wall that separated West Berlin from the socialist part of Germany. The wasteland of the former border strip, which was particularly large here, has since been transformed into a posh neighborhood.

L'imprimerie nationale se trouve depuis 1951 dans la Oranienstraße à Kreuzberg. Ce vaste complexe immobilier qui intègre l'ancienne imprimerie du Reich datant de 1879 borde la Kommandantenstraße. Ironie de la situation, ce bâtiment où l'on fabriquait toutes sortes de documents pour les citoyens de la RFA : passeports, cartes d'identité et billets de banque, s'est retrouvé, le 13 août 1961, tout près du Mur qui séparait Berlin-Ouest de l'Allemagne socialiste. La vaste friche laissée par le passage de la frontière est devenue depuis un quartier élégant.

На улице Ораниенштрассе в Кройцберге с 1951 г. расположена Федеральная типография. Обширный комплекс, берущий начало от основанной в 1879 г. Имперской типографии, граничит с ул. Командандантенштрассе. Здесь печатали такие важные документы, как паспорта и банкноты немецких марок. И как это ни странно, стояла она непосредственно у стены, отделяющей Западный Берлин от социалистической части Германии. Пограничная полоса, которая в этом месте была особенно широкой, в настоящее время превратилась в шикарный жилой квартал.

Alte Jakobstraße
1968

2013

Zimmerstraße

Mit dem Bau seines Verlagshauses 1961–66 direkt an der Mauer setzte der Hamburger Verleger Axel Springer in Sichtweite des Ost-Berliner Zentrums ein politisches Zeichen. Der Turm des westdeutschen Zeitungsimperiums an der Zimmerstraße provozierte die DDR-Führung zur Gegenreaktion: Hochhäuser wurden in der nahen Leipziger Straße (1972–77) als Sichtschutz errichtet. Am 17. August 1962 schockierte der Tod Peter Fechters an der Mauer: Von Schüssen der Grenzsoldaten getroffen, verblutete der 18-Jährige qualvoll an der Ecke Zimmer-/Charlottenstraße.

With the 1961–66 construction of his publishing house directly adjacent to the wall, the Hamburg publisher Axel Springer made a political statement within sight of East Berlin's city center. The tower of the West German newspaper empire on Zimmerstrasse provoked the GDR leadership to retaliate: skyscrapers were built along nearby Leipziger Strasse (1972–77) creating a kind of a screen. The death of Peter Fechter at the wall on 17 August 1962 shocked the world: hit by border guards' bullets, the 18-year-old bled to death in agony at the corner of Zimmerstrasse and Charlottenstrasse.

Lorsqu'en 1961–66, Axel Springer décide d'ériger sa maison d'édition tout contre le Mur de sorte qu'elle soit visible du centre de Berlin-Est, il fait un geste éminemment politique. La tour du magnat de la presse ouest-allemande qui se dressait dans la Zimmerstraße incita les dirigeants de la RDA à réagir. Ils édifièrent des tours le long de la Leipziger Straße (1972–77) pour masquer celle de Springer. La mort de Peter Fechter (18 ans), le 17 août 1962, tout près du Mur fut un choc. Atteint par les balles des gardes-frontière, il agonisa à l'angle de la Zimmerstraße et de la Charlottenstraße.

Выстроив в 1961–1966 гг. здание своего издательства непосредственно у Берлинской стены, гамбургский издатель Аксель Шпрингер поставил далеко видный из Восточного Берлина политический знак. Воздвижение на ул. Циммерштрассе башни западногерманской газетной империи подвигло власти ГДР к ответным мерам: неподалеку на ул. Лейпцигерштрассе в 1972–1977 гг. были построены высотные дома, закрывающие вид. 17 августа 1962 г. шоком для всех явилась смерть 18-летнего Петера Фехтерса: он был застрелен при попытке бегства и умер на углу улиц Циммерштрассе и Шарлоттенштрассе.

1978

2013

1966

2013

2013

YOU ARE LEAVING
THE AMERICAN SECTOR
ВЫ ВЫЕЗЖАЕТЕ ИЗ
АМЕРИКАНСКОГО СЕКТОРА
VOUS SORTEZ
DU SECTEUR AMÉRICAIN
SIE VERLASSEN DEN AMERIKANISCHEN SEKTOR
US ARMY
Prayer Warriors
EPH. 6:

1988

Checkpoint Charlie

Der Checkpoint Charlie an der Friedrichstraße, der nur von Ausländern und den Alliierten passiert werden durfte, war der bekannteste Kontrollposten der Amerikaner. Nach dem Mauerbau drohte sich hier ein Krieg zwischen den USA und der Sowjetunion zu entzünden: Zwei Tage standen sich im Oktober 1961 Panzer beider Truppen gegenüber. An die dramatischen Tage erinnert der nachgebaute Posten der US-Armee, eine mit Sandsäcken bewehrte Holzbaracke. Heute ist der ehemalige Checkpoint – mit Mauermuseum an der Ecke Kochstraße – ein Hauptanziehungspunkt für Touristen.

Checkpoint Charlie on Friedrichstrasse, which could only be used by foreigners and the Allies, was the most famous of the American checkpoints. After the erection of the Berlin Wall, a war between the United States and the Soviet Union threatened to break out: for two days in October 1961, armored tanks from the two countries stood face to face. A replica of the U.S. Army checkpoint, consisting of a wooden hut reinforced with sandbags, recalls these dramatic days. Today, the former checkpoint – including the Wall Museum at the corner of Kochstrasse – is a major tourist attraction.

Le point de passage « Charlie » situé dans la Friedrichstraße était réservé aux étrangers et aux Alliés. C'était le poste américain le plus connu. Après la construction du Mur, une guerre entre les États-Unis et l'URSS faillit y éclater. En effet, deux jours durant, en octobre 1961, les chars des deux puissances se firent face. La copie de la guérite américaine protégée par des sacs de sable rappelle ces temps dramatiques. Aujourd'hui, l'ancien Checkpoint, ainsi que le Musée du Mur, qui se trouve à l'angle de la Kochstraße, sont des pôles d'attraction touristique majeurs.

Самый знаменитый КПП американцев Чекпойнт Чарли на ул. Фридрихштрассе был доступен только для иностранцев и союзников. После возведения стены тут чуть не разгорелась война между Соединенными Штатами и Советским Союзом: в октябре 1961 г. здесь на протояжении двух дней друг против друга стояли танки двух армий. Об этих драматических днях напоминает реконструкция американского КПП – деревянная будка, обложенная мешками с песком. Сегодня Чекпойнт Чарли и Музей стены на углу ул. Кохштрассе являются основным привлекательным пунктом для туристов.

ALLIED CHECKPOINT
US ARMY CHECKPOINT
PRESS POINT FRIEDRICH
1961

ALLIED CHECKPOINT
S ARMY CHECKPOINT
Sightseeing
TAXI
MP
2013

1987

IDEAL
2004

10
STOP

1981

Haus Deutscher Stiftungen
www.Stiftungen.org
SIE BETRETEN DEN
NON-PROFIT-SEKTOR
YOU ARE ENTERING THE
NON-PROFIT-SECTOR
Geldautomat

2013

Niederkirchnerstraße

An der Niederkirchnerstraße verdichtet sich die deutsche Geschichte des 20. Jahrhunderts wie an kaum einem anderen Ort. Zeugnisse der NS-Zeit und ein 80 Meter langes Stück Originalmauer verdeutlichen den historischen Zusammenhang zwischen der Hitlerdiktatur und der Teilung Deutschlands. An der Straße befanden sich die Zentralen von Gestapo und SS, über deren grausame Verbrechen die Ausstellung „Topographie des Terrors" informiert. Zwischen dem roten Martin-Gropius-Bau und dem Abgeordnetenhaus Berlins, ehemals Landtag Preußens, verlief der Grenzstreifen.

The history of 20th century Germany is more apparent on Niederkirchnerstrasse than almost anywhere in the city. Testimonies of the Nazi period and an 80 meter long piece of the original wall illustrate the historical relationship between Hitler's dictatorship and the division of Germany. Located on the street were the headquarters of the Gestapo and the SS, whose gruesome crimes are described in the exhibition "Topography of Terror", the border ran between the red brick Martin-Gropius-Bau and Berlin's House of Representatives, formerly home to Prussia's State Parliament.

La Niederkirchnerstraße est un condensé unique de l'histoire allemande du XXe siècle. Des vestiges de l'époque nazie et un tronçon d'origine du Mur, long de 80 mètres, témoignent du lien historique entre la dictature hitlérienne et la partition de l'Allemagne. Le quartier général de la Gestapo et de la SS se trouvait dans cette rue, et l'exposition permanente « Topographie de la terreur » documente l'histoire du régime et de ses crimes. La frontière passait autrefois entre le musée de brique rouge Martin-Gropius et le parlement de Berlin, jadis parlement de Prusse.

На улице Нидеркирхнерштрассе немецкая история XX века сжимается как в ни каком другом месте. Свидетельства времен национал-социализма и 80-метровый подлинный кусок стены демонстрируют историческую связь между гитлеровской диктатурой и разделением Германии. На этой улице располагались Гестапо и СС, о бесчеловечных преступлениях которых рассказывает выставка «Топография террора». Между зданием Мартин-Гропиус-Бау красного цвета и зданием Берлинской депутатской палаты, бывшего Прусского ландтага, раньше проходила пограничная полоса.

2013

1988

Preußischer Landtag,
Martin-Gropius-Bau

1988

2013

Potsdamer Platz

Das einstige Herz Berlins hörte mit dem Mauerbau auf zu schlagen: Stacheldraht und Beton zerschnitten den Potsdamer Platz. Aus dem legendären Verkehrsknoten im Zentrum der Stadt mit seinen vielen sich kreuzenden Straßen, seinem Fernbahnhof und seinen berühmten Hotels wurde ein ödes, schwer bewachtes Niemandsland, das sich bis zum benachbarten Leipziger Platz erstreckte. Nach dem Mauerfall erhob sich an dieser Stelle eine neue pulsierende, glitzernde City wie Phönix aus der Asche, mit edlen Hotels und Lokalen, Kinos und anderen Vergnügungsstätten: ein Symbol für das neue, geeinte Berlin.

The former heart of Berlin ceased to beat with the erection of the Berlin Wall. Barbed wire and concrete cut through Potsdamer Platz. Situated in the city center, the once legendary traffic junction, with its many intersecting streets, railway station and famous hotels, became a barren, heavily guarded no man's land that stretched to the neighboring Leipziger Platz. After the fall of the wall, a new vibrant, glittering city rose like a phoenix from the ashes here, with fine hotels and restaurants, cinemas and other places of entertainment. It serves as a symbol of the new, unified Berlin.

Elle était le cœur de Berlin; il cessa de battre avec la construction du Mur. Des barbelés et du béton coupèrent la Potsdamer Platz. De ce carrefour névralgique légendaire au cœur de la ville, avec ses nombreuses rues, sa gare de grandes lignes et ses hôtels célèbres, il ne resta plus qu'un terrain vague placé sous haute surveillance qui s'étendait jusqu'à la Leipziger Platz. À la chute du Mur, tel un phœnix renaissant de ses cendres, elle resurgit, cité scintillante tout en hauteur, dotée d'hôtels luxueux, de restaurants, de cinémas et autres lieux de distractions. Elle symbolise le nouveau Berlin réunifié.

Бывшее сердце Берлина прекратило биться с возведением стены: колючая проволока и бетон рассекли Потсдамскую площадь. Легендарный узловой пункт в центре города с его многочисленными перекрестками, вокзалом и знаменитыми гостиницами превратился в пустующую, строго охраняемую ничейную территорию, простирающуюся до соседней Лейпцигской площади. После падения стены на этом месте возник как птица Феникс из пепла новый пульсирующий блестящий сити с фешенебельными отелями и ресторанами, кинотеатрами и разнообразными развлекательными объектами: символ нового воссоединенного Берлина.

2013

1987

WER
DIE STAATSGRENZE
MIT GEWALT
EINRENNEN WILL /
WER AN DER MAUER
PROVOZIERT /
MACHT ALLES
NUR SCHLIMMER !

1966

Geschichtsmeile
BERLINER MAUER
1961 – 1989
DER POTSDAMER PLATZ, 1 hier in Richtung Potsdamer Bahnhof und heutige Stresemannstraße aufgenommen, galt um 1930 als der verkehrsreichste Platz Europas – umgeben von Hotels, Restaurants und Geschäften.
Infolge der Aufteilung Berlins trafen nach dem Zweiten Weltkrieg an dem stark zerstörten Platz britisch, amerikanisch und sowjetisch besetzter Sektor aufeinander.
Nach der Absperrung des sowjetischen Sektors durch Bereitschaften der Volkspolizei der DDR 2 am 13. August 1961 wurde der Potsdamer Platz
1930 1
2013

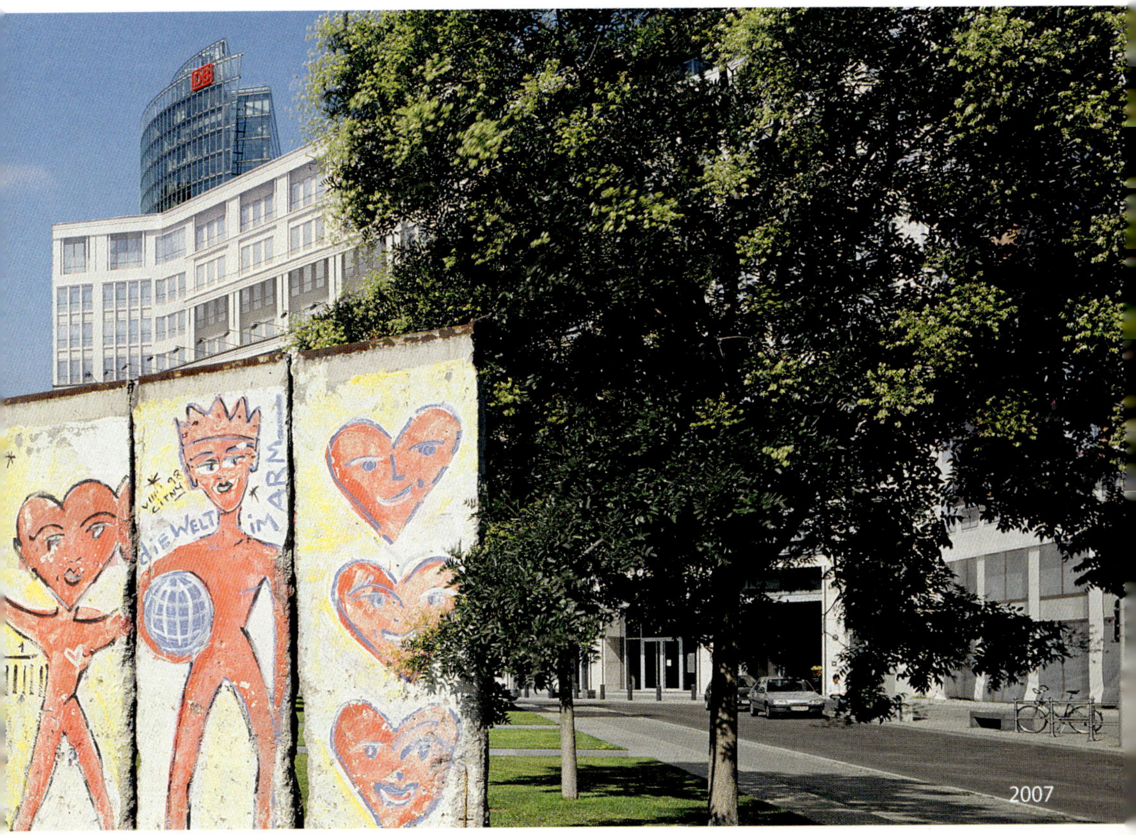
die WELT im ARM
2007

Potsdamer Platz
1990

Potsdamer Platz
2013

S-Bahnhof
Potsdamer Platz

Stresemannstraße

Ebertstraße

Zwischen Potsdamer Platz und Brandenburger Tor erstreckt sich ein weites Areal, auf dem sich bis zum Ende des Zweiten Weltkrieges Deutschlands Regierungsviertel befand. An der Ecke Ebert-/Voßstraße stand die pompöse Reichskanzlei Hitlers. Mit dem Bau der Mauer wurde das geschichtlich kontaminierte Gelände komplett abgeriegelt, die dunkle Vergangenheit damit verdrängt. Seit 2005 befindet sich an diesem Ort das Holocaust-Mahnmal, mit dem des grausamen Massenmords an Millionen Menschen jüdischen Glaubens während der nationalsozialistischen Diktatur gedacht wird.

Until the end of the Second World War Germany's government quarter was located along a wide stretch between Potsdamer Platz and the Brandenburg Gate. Hitler's pompous Reich Chancellery stood at the corner of Ebertstrasse and Vossstrasse. With the construction of the wall, the historically contaminated site was completely sealed off and, thus, its dark past repressed. Since 2005, it has been the site of the Holocaust Memorial, which serves as a reminder of the cruel mass murder of millions of Jews during the Nazi dictatorship.

Entre la Potsdamer Platz et la Porte de Brandebourg se déploie le vaste espace occupé, jusqu'à la fin de la Seconde Guerre mondiale, par le quartier gouvernemental. À l'angle de la Ebert et de la Voßstraße s'élevait la très pompeuse chancellerie d'Hitler. À la construction de Mur, ce terrain contaminé par l'Histoire fut totalement bouclé, et le sombre passé refoulé. Il s'y dresse, depuis 2005, le Mémorial de l'Holocauste, dédié aux millions de victimes de confession juive qui furent assassinées pendant la dictature nationale-socialiste.

Между Потсдамской площадью и Бранденбургскими воротами простирается обширный ареал, на котором прежде, до конца Второй мировой войны, располагался правительственный квартал Германии. На углу улиц Эбертштрассе и Фоссштрассе стояло помпезное здание гитлеровской Рейхсканцелярии. С постройкой стены это место, отражающее темные страницы прошлого, оказалось полностью загороженным. С 2005 г. здесь находится Мемориал жертвам холокоста, призванный напоминать о массовом истреблении миллионов евреев во время нацистской диктатуры.

1988

2013

1969

2013

Mauergedenken

Am Abend des 9. November 1989 erzwang die Bevölkerung der DDR friedlich die Öffnung der Berliner Mauer. Ein Jahr später war das monströse Bauwerk fast restlos abgerissen. In der Folgezeit wurde der Ruf nach Orten des Gedenkens an die Zeit der Teilung und die Mauertoten immer lauter.

Wichtigster Ort des Mauergedenkens ist die Gedenkstätte Berliner Mauer an der Bernauer Straße. Ein Mahnmal simuliert hier ein 60 Meter langes Teilstück der Grenzanlagen, in einem Dokumentations- und einem Besucherzentrum werden die Hintergründe und die Auswirkungen der Mauer erläutert.

Daneben wird an vielen Stellen der Stadt an die Mauer erinnert. Der „Berliner Mauerweg" ist eine Rad- und Wanderroute, die entlang der rund 155 Kilometer langen ehemaligen Grenztrasse führt, die West-Berlin einschloss. Kopfsteinpflaster markiert in der Innenstadt den Verlauf der nach West-Berlin gerichteten Mauer. Entlang der Route befinden sich zahlreiche Informationen, akustische Info-Stelen, Orte der Erinnerung und Reste der Grenzanlagen. In der Friedrichstraße befindet sich das private Mauermuseum „Haus am Checkpoint Charlie". Kreuze am Reichstag erinnern an zahlreiche Fluchtopfer. Im Schlesischen Busch in Treptow steht ein Wachturm.

On the evening of 9 November 1989, the population of the GDR peacefully forced the opening of the Berlin Wall. One year later, the monstrous structure had almost been completely demolished. In the period that followed, the call for places of remembrance on the time of Germany's division and deaths at the wall grew louder.

The most important place of remembrance along the path where the wall once stood is the Berlin Wall Memorial on Bernauer Strasse. A 60 meter long section of the border fortifications serves as a memorial, and the history and effects of the wall are explored in an exhibition in the visitor center.

There are numerous places in the city that recall the Berlin Wall. A ca. 155 kilometer long cycling and walking route called the "Berlin Wall Path" runs along the former border that once surrounded West Berlin. Cobblestones in the city center mark the course of wall leading towards West Berlin. Located along the route are numerous information and audio information steles, commemorative sites and the remains of the border installations. A private wall museum, "Haus am Checkpoint Charlie", is located on Friedrichstrasse. White crosses near the Reichstag recall numerous escapee victims. An original watchtower still stands in Treptow's Schlesischer Busch.

Abbildungen von links nach rechts:
AlliiertenMuseum,
Leipziger Platz,
Schlesischer Busch,
Kieler Straße

Le soir du 9 novembre 1989, le peuple de RDA força pacifiquement l'ouverture du Mur de Berlin. Un an plus tard, il ne restait pratiquement plus rien de ce mur monstrueux. Cependant, au fil du temps, le besoin de lieux commémorant cette époque du Mur et ses victimes se fit de plus en plus sentir.

Le lieu commémoratif le plus important est le Centre de documentation de la Bernauer Straße. 60 mètres de la zone frontière font office de mémorial du Mur de Berlin. Un centre de documentation et d'accueil des visiteurs est consacré au contexte historique et aux conséquences du Mur.

Il y a dans la ville encore bien d'autres lieux qui rappellent le Mur. Le « Chemin du Mur de Berlin » est un chemin de randonnée piétonnier et cyclable qui emprunte les 150 kilomètres de l'ancienne frontière bouclant Berlin-Ouest. Dans le centre de Berlin, des pavés marquent le parcours du Mur du côté de Berlin-Ouest. Le chemin est ponctué de stèles d'informations audio, de lieux de mémoire et de vestiges de la zone frontière. Dans la Friedrichstraße se trouve le musée privé du Mur : « Haus am Checkpoint Charlie ». Des croix pour les nombreuses victimes du Mur se dressent près du Reichstag. Dans le Schlesisches Busch à Treptow se trouve un mirador.

Вечером 9 ноября 1989 г. население ГДР мирным путем добилось раскрытия Берлинской стены. Год спустя это безобразное сооружение было практически без остатка снесено. В последующее время всё громче звучали призывы к сохранению памяти об эпохе разделения города и людей, погибших при попытке бегства.

Основным памятным местом является мемориал «Берлинская стена» на ул. Бернауерштрассе, воссоздающий 60-метровый участок пограничных укреплений, в Документационном центре разъясняются история и последствия возведения стены.

Кроме того, во многих местах города существуют напоминания о стене. «Дорога Берлинской стены» представляет собой велосипедный и 'пеший маршрут на всём 155-километровом её протяжении. Ее след в центре города отмечен булыжной дорожкой. Вдоль маршрута располагаются многочисленные информационные стенды со звуковыми записями, памятные знаки и остатки пограничных укреплений. На ул. Фридрихштрассе открыт частный музей «КПП Чекпойнт Чарли». Кресты рядом со зданием Рейхстага напоминают о многочисленных жертвах побега. В парке Шлезишер буш стоит сторожевая вышка.

Bernauer Straße

Bernauer Straße

Checkpoint Charlie

Checkpoint Charlie

Regierungsviertel

Regierungsviertel

Sonnenallee

Axel-Springer-Straße/Zimmerstraße

Bernauer Straße

Invalidenpark

Sonnenallee

Bösebrücke

Regierungsviertel

East-Side-Gallery

Leipziger Platz

Leipziger Platz

Register

Bildnachweis

Berliner Mauer – Archiv, Hagen Koch: S. 26 o., 27 o.

Bundesarchiv Berlin: S. 23 o. (Franke); S. 25 o., 103 u.

Bundesarchiv Koblenz: S. 44/45 o.

Keystone: S. 73 o. (Zellmann)

Landesarchiv Berlin: S. 94 o., 119 o. (Wolfgang Albrecht); S. 33 o., 51 o., 96/97 u., 117 o. (Ludwig Ehlers); S. 81 o. re (Thomas Grenz); S. 21 o. (U. Kübisch); S. 95 o., 120/121 o. (Dieter Lohse); S. 22 o. (Ingeborg Lommatzsch); S. 83 o. (Bert Sass); S. 52, 55 o., 81 o. li. (Karl-Heinz Schubert); S. 12 u., 105 o. (Gert Schütz); S. 96/97 o., 99 o., 102 o., 114 o. (Hans Seiler); S. 47 o., 75 o., 92/93 u. (Horst Siegmann); S. 29 o., 43 o., 57 o., 65 o., 71 u., 84

Michael Richter, Berlin: S. 34/35 o., 116 o.

Ullstein Bilderdienst: S. 101 o.

Alle übrigen Fotos: Günter Schneider, Berlin

West-Berlin

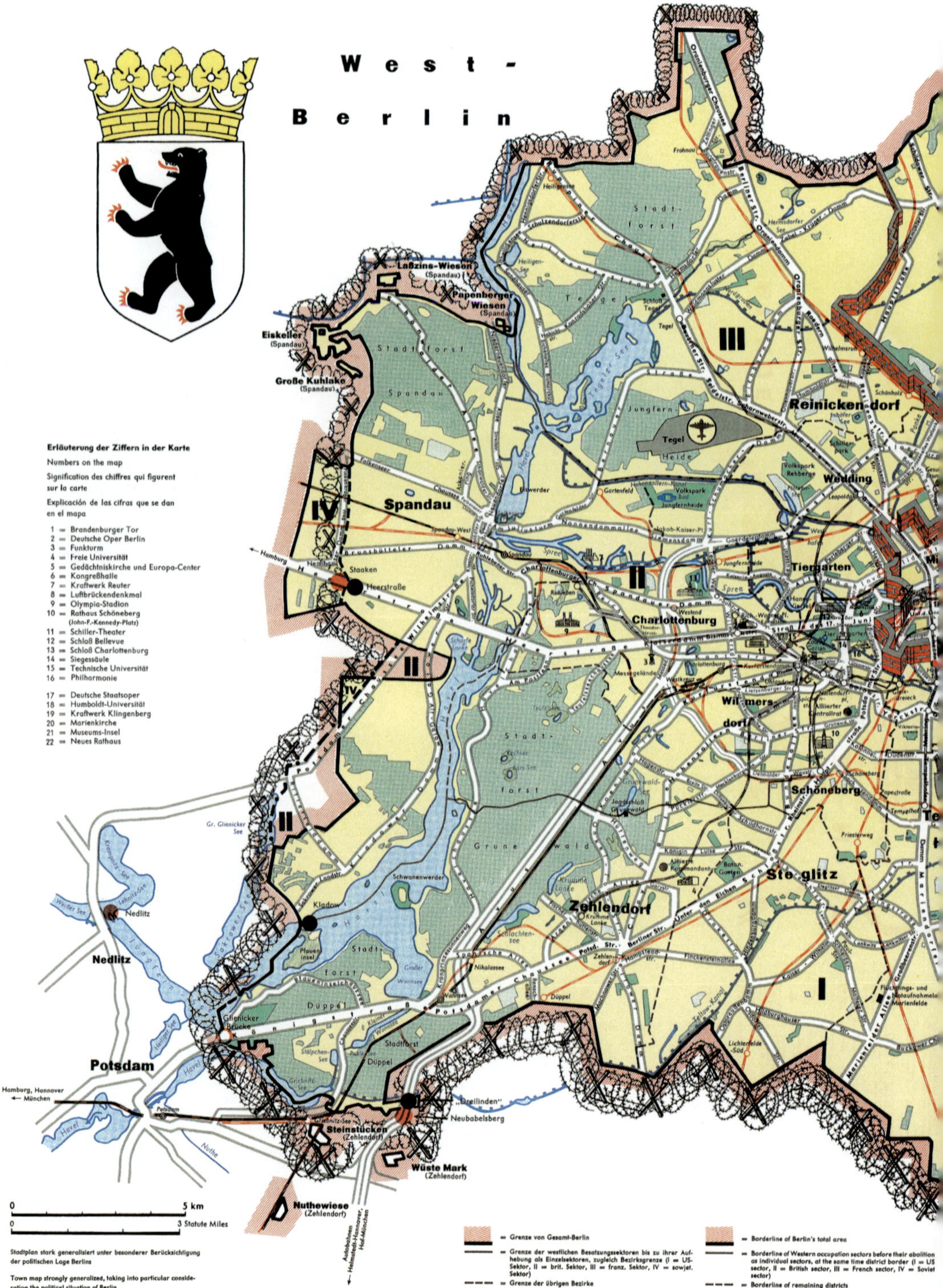

Erläuterung der Ziffern in der Karte

Numbers on the map

Signification des chiffres qui figurent sur la carte

Explicación de las cifras que se dan en el mapa

1 = Brandenburger Tor
2 = Deutsche Oper Berlin
3 = Funkturm
4 = Freie Universität
5 = Gedächtniskirche und Europa-Center
6 = Kongreßhalle
7 = Kraftwerk Reuter
8 = Luftbrückendenkmal
9 = Olympia-Stadion
10 = Rathaus Schöneberg (John-F.-Kennedy-Platz)
11 = Schiller-Theater
12 = Schloß Bellevue
13 = Schloß Charlottenburg
14 = Siegessäule
15 = Technische Universität
16 = Philharmonie

17 = Deutsche Staatsoper
18 = Humboldt-Universität
19 = Kraftwerk Klingenberg
20 = Marienkirche
21 = Museums-Insel
22 = Neues Rathaus

0 — 5 km
0 — 3 Statute Miles

Stadtplan stark generalisiert unter besonderer Berücksichtigung der politischen Lage Berlins

Town map strongly generalized, taking into particular consideration the political situation of Berlin

Plan de la ville établi de façon très générale compte tenu spécialement de la situation politique de Berlin

Mapa municipal muy generalizado, que refleja ante todo la situación política de Berlín

- = Grenze von Gesamt-Berlin
- = Grenze der westlichen Besatzungssektoren bis zu ihrer Aufhebung als Einzelsektoren, zugleich Bezirksgrenze (I = US-Sektor, II = brit. Sektor, III = franz. Sektor, IV = sowjet. Sektor)
- = Grenze der übrigen Bezirke
- = West-Berliner Kontrollstelle (Heerstraße, Dreilinden, Schiffahrtskontrollstelle Kladow)
- = Ostzonaler Kontrollpunkt (Staaken, Neubabelsberg, Schiffahrtskontrollstelle Nedlitz)
- = Kontrollstelle nur für westalliierte Militärmissionen und Diplomaten

- = Borderline of Berlin's total area
- = Borderline of Western occupation sectors before their abolition as individual sectors, at the same time district border (I = US sector, II = British sector, III = French sector, IV = Soviet sector)
- = Borderline of remaining districts
- = West Berlin checkpoint (Heerstrasse, Dreilinden, Navigation checkpoint Kladow)
- = Soviet zone checkpoint (Staaken, Neubabelsberg, Navigation checkpoint Nedlitz)
- = Checkpoint for control of Western Allied military missions and diplomats only